World of Art

贝琳达·汤姆森（Belinda Thomson）是一位独立的艺术史学家，致力于研究 19 世纪至 20 世纪早期的法国艺术。她创作了很多关于印象派与后印象派的著作，包括《后印象派》（*The Post-Impressionists*，1983 年），《维亚尔》（*Vuillard*，1988 年），《高更传》（*Gauguin by himself*，1993 年），《印象派的起源、传播与反应》（*Impressionism, Origins, Practice, Reception*，2000 年）。她曾参与策展无数，包括在南岸中心展出的“维亚尔”（Vuillard，1991—1992 年）和“小树林别墅的博纳尔”（Bonnard at Le Bosquet，1994 年）；在苏格兰国家美术馆展出的“帕特里克·格迪斯，法国印象”（Patrick Geddes, The French Connection，2004 年）和“高更的幻象”（Gauguin's Vision，2005 年）；以及在泰特现代美术馆和华盛顿国家美术馆展出的“高更：神话缔造者”（Gauguin, Maker of Myth，2010—2011 年）。2011 年，她被授予爱丁堡大学艺术史荣誉教授头衔，并在 2013 年荣获法国艺术及文学勋章。

World of Art

Gauguin

1《自画像》(*Portrait de l'artiste*)，1893—1894年

泰晤士哈德逊｜世界艺术巡礼

高更

［英］贝琳达·汤姆森 编著　陈梦璐 译

華中科技大學出版社
http://www.hustp.com
中国·武汉

有书至美
BOOK & BEAUTY

图书在版编目（CIP）数据

高更／（英）贝琳达·汤姆森编著；陈梦璐译.—武汉：华中科技大学出版社，2022.3

（泰晤士哈德逊世界艺术巡礼）

ISBN 978-7-5680-7882-5

Ⅰ.①高… Ⅱ.①贝… ②陈… Ⅲ.①高更（Gauguin, Paul 1848-1903）－生平事迹 Ⅳ.①K835.655.72

中国版本图书馆CIP数据核字（2022）第004025号

Published by arrangement with Thames & Hudson Ltd, London,
Gauguin @1987, 2019 and 2020 Thames & Hudson Ltd, London
Text by Belinda Thomson
Art direction and series design: Kummer & Herrman
Layout: Kummer & Herrman
Cover Credit: Paul Gauguin, *Ia Orana Maria (Hail Mary)*, 1891. The Metropolitan Museum of Art, New York. Bequest of Sam A. Lewisohn
This edition first published in China in 2022 by Huazhong University of Science and Technology Press, Wuhan City
Chinese edition © 2022 Huazhong University of Science and Technology Press

高更
Gaogeng

［英］贝琳达·汤姆森 编著
陈梦璐 译

出版发行：华中科技大学出版社（中国·武汉）　电话：(027) 81321913
华中科技大学出版社有限责任公司艺术分公司　(010) 67326910-6023
出 版 人：阮海洪

责任编辑：莽 昱 刘 韬
责任监印：赵 月 郑红红　封面设计：邱 宏

制　作：北京博逸文化传播有限公司
印　刷：艺堂印刷（天津）有限公司
开　本：889mm×1194mm　1/32
印　张：7
字　数：104千字
版　次：2022年3月第1版第1次印刷
定　价：128.00元

华中出版

本书若有印装质量问题，请向出版社营销中心调换
全国免费服务热线：400-6679-118　竭诚为您服务

目录

7 引言

第1章
11 **兼职画家**
（1848—1884年）

第2章
31 **全职画家**
（1885—1888年）

第3章
55 **尝试协作**
（1888年）

第4章
80 **象征派领袖**
（1889—1891年）

第5章
122 **追寻蛮荒生活**
（1891—1893年）

第6章
156 **面向公众**
（1893—1895年）

第7章
178 **最后的流亡**
（1895—1903年）

204 结语
206 新版附录：
1987年以来关于高更的研究
209 参考文献精选
213 插图目录
221 索引

2《画架前的自画像》(*Gauguin devant son chevalet*)，1885年

引言

保罗·高更（Paul Gauguin）一生都渴望着受到公众的高度关注，成为同时代艺术家中第一批获得国际认可的独立艺术家。他的突出地位显然与他的艺术才能有关，但也有很大可能是他生活中不断发生的戏剧性事件让他声名远播。高更逃离欧洲文明社会，在塔希提岛过上了原始的蛮荒生活，堪称传奇。的确，这就像是对“艺术家的灵魂苦受世俗折磨”这句话的印证，生活在文明社会的边界之外注定要被误解。高更本人很清楚这种名声能为他的作品带来什么好处。他的行为和品格备受世人诟病，而非赞扬，但这似乎并不重要，重要的是能成为人们的话题。

“画作的起点在哪里？终点又在哪里？”高更面对自己在1897年
188 创作的不朽油画《我们来自何处？我们是什么？我们去往何处？》（*D'Où venons-nous? Que sommes- nous? Où allons-nous?*，简称《我们来自何处？》）时提出了这个问题。从某种意义上说，这也是一个贯穿本书全篇的问题。很少有艺术家像他那样不愿意放任自己的作品在世间碰碰运气，也很少有艺术家像他那样热衷于控制别人对自己作品的理解方式。高更尝试用很多方式来延续自己的创作影响力，可能当一幅作品离开了他的工作室很久以后，他还是会以变更标题或加以注释的方式来宣示主权。此外，他也经常介入公众反应和他们的批判性解读。我认为，如果我们要理解高更的作品，就要将他对作品的文字注释视为和作品本身一样重要。只有同时关注这两方面，我们才能对他想要表达出来的内容，以及这些内容对他来说的意义和重要性感同身受。

对高更这位艺术史学家来说，最不幸的一点就是，他从前的忠实好友和仰慕者都变成了他的敌人。这就意味着，在关于他一生的作品的众多文献中，通常掺杂着假消息或者半真半假的信息，需要仔细筛选。不错，高更的生活和工作就是不折不扣的矛盾体。他是一个尽职尽责的丈夫和父亲，但在他生命的最后18年里，他与他的妻子和孩子很少见面。他曾是一位富有的股票经纪人和艺术赞助人，后来却走上了艺术家这条贫困之路——衣兜里有没有钱全由画作的买家说了算。尽管高更是古典与传统的忠实崇拜者，但他却将自己从这种文化渊源中连根拔起，将自己放逐到一个偏远的南太平洋岛屿上，远离他的同伴和公众的视线。高更自身的原因并不足以解释这种悖论和自我否定的行为。这其实与他和19世纪后期其他所有艺术家所处的复杂环境有莫大的关系，他们都在试图逃离那个时代的制度和学术惯例的束

3《塔希提牧歌》(*Pastorales Tahitiennes*)，1892年

缚。当时的高更提出了这样一种观点：在他的内心，不受控制地存在着两种截然相反的天性，一种是“感性人”，一种是“野蛮人”。如果说前者是他早期生涯的主导人格，那么后来“野蛮人”这一天性则不断壮大，引导他在自我选择的“原始”道路上前行，使内心越来越坚强，不再做情感和物质上的牺牲品。1893年，高更第一次从塔希提岛带回了一批色彩鲜艳的油画和古怪的“野蛮”风格雕刻，他的友人埃德加·德加（Edgar Degas）因此受到启发。德加把高更比作拉封丹寓言里的“瘦狼”，一头宁愿饿死也不愿屈于项圈和锁链的侮辱的狼，高更对他的这个比喻津津乐道。这个比喻确实很形象，但它扭曲了高更所存在的现实环境，根本无法解释高更的性格和动机。

如果要谈高更对艺术史的贡献，也要听听与他同时代的人们对此的反对之声。一方面，克劳德·莫奈（Claude Monet）、卡米耶·毕沙罗（Camille Pissarro）、保罗·塞尚（Paul Cézanne）和保罗·西涅克（Paul Signac）等艺术家对高更持怀疑态度，把他贬为一个江湖骗子、投机分子和剽窃者；另一方面，埃德加·德加、阿里斯蒂德·马约尔（Aristide Maillol）和莫里斯·丹尼斯（Maurice Denis）等艺术家，以及一些不知名的小门徒，包括所谓的阿凡桥派，都打从心底欣赏高更的作品，赞扬他是形式与装饰性艺术革命的发起人。事实上，几乎在高更去世之前稍早些时候，在亨利·马蒂斯（Henri Matisse）周围兴起的先锋派艺术作品就已经显现出了这场革命的第一个迹象。而在两次世界大战之间的这段时间，人们认为高更后期的作品中也已经显露出了对古典主义的革新，落实了这场革命。他在这些画作中向大家证明，在21世纪，除了服从自然的形体和色彩，还需要超越，需要解放，还有更多的新东西等待大家去发现；现代主义评论家认为，这一观点是他留给20世纪的最重要的遗产。不过，当我们从自身的角度来研究高更的艺术和他的生平的意义时，也绝不能忽视特定历史因素的局限性，正是这样的因素决定了他看待事物的方式。

4《穿晚礼服的梅特·高更》(*Mette Gauguin en robe de soir*)，1884年

第1章

兼职画家（1848—1884年）

1873年，“待业家中”的妙龄丹麦女子梅特·加德（Mette Gad）嫁给了在巴黎做初级股票经纪人的保罗·高更，但在当时，她还对他的艺术爱好一无所知。至少后来问起梅特的时候，她是这么说的。她以为自己要嫁的是一个有担当的25岁男子，他在商船队当过5年海员，现在在金融领域有了一份看起来前途无量的工作。他们的婚礼在第九区市政厅举行，气氛平和。随后，作为丹麦人的梅特在路德教会接受了祝福。高更的父母当时已经去世了，新娘的母亲则留在她的家乡哥本哈根。高更的老板是一位来自丹麦领事馆的秘书，名叫保罗·伯坦（Paul Bertin），他与高更的法定监护人古斯塔夫·阿罗萨（Gustave Arosa），以及新娘年迈的父亲就成了他们的证婚人。阿罗萨一家很可能就是介绍他们俩认识并交往的媒人，还热情招待了这对新婚夫妇。

古斯塔夫·阿罗萨文化程度很高，生活富裕，是一位成功的股票经纪人，家中收藏了大量的同时代的艺术画作，包括欧根·德拉克洛瓦（Eugene Delacroix）、卡米耶·柯罗（Camille Corot）、古斯塔夫·库尔贝（Gustave Courbet）和毕沙罗的画作。各种各样的艺术人物都曾在他家里聚会，他家位于布雷达街。梅特是否真的不曾察觉她未来的丈夫对这些艺术收藏感兴趣，是否对他业余时间搞创作毫不知情，我们对此持怀疑态度。不管怎么说，很可能有人告诫过她，嫁给一个家庭和背景她都不了解的外国人是一件很冒险的事情。梅特·加德是一位热爱法国的语言学家，非常享受在巴黎的生活，她的性格和保罗·高更一样坚强又独立，她似乎把这桩婚姻视为一种在23岁这个年纪打破资产阶级丹麦式教养的方式。

从1873年玛丽·希戈尔（Marie Heegaard）写给梅特的信中可以看出，保罗·高更是个善于交际的有趣人物，虽社交风度欠佳，但他显然在努力克服自己粗鲁的一面。然而，几年后，梅特有些认真地把他描述为“不守规矩的人”，说他缺乏教养，当时的她很担心自己的孩子也会遗传这样的品质。

高更的童年，包括他母亲的童年，在如今看来也是不太正常的。他的父亲克洛维斯·高更（Clovis Gauguin）是一个共和党记者，在带着家人前往南美进行政治流放时死在了船上。这使得高更从小就没有体会过安稳的家庭生活，也不知道有一个稳定的家是什么滋味。保罗·高更出生于1848年，全家人抵达秘鲁时，他年仅两岁，和母亲、姐姐在远房亲戚的庇护下在秘鲁生活了4年。高更7岁的时候和家人回到了法国，在一个单身叔叔的照顾下生活。高更开始在奥尔良求学，不满14岁时寄宿于一个耶稣神学院，然后在巴黎上了一所海军预科学院。他接受了良好的教育，深受古典文学的熏陶，这一点也体现在了他作为艺术家和作家创作的各种作品中。当高更后来回忆起他在秘鲁短暂的童年时光时，他说，那是一个色彩斑斓、令人难忘的天堂。但他母亲的社会地位与经济因素的动荡、总是渴望获得陌生人认可的生活历程，以及在高更7岁之前经历的两次漫长的海上航行，这些灰暗的前调让安稳的资产阶级家庭生活对高更来说遥不可及。

高更的母亲，阿琳·高更（Aline Gauguin）原姓夏扎尔（Chazal），她在巴黎苦苦经营服装生意来维持生计，但后人认为她的商
5, 6 业地位比不上儿子（她的儿子为了纪念她，至少创作过3幅画）。阿琳
117 年轻时的大部分时间都在寄宿学校度过，远离她那对因争执不休而分居的不相般配的父母。1844年之前，她的母亲弗洛拉·特里斯坦（Flora Tristan）似乎负责照顾她。但弗洛拉正忙着投机发家，树立她作为政治活动家的声望，没法为她的女儿提供一个像样的家。阿琳的父亲安德烈·夏扎尔（Andre Chazal）则是一个温文尔雅的版画复制家，1838年因疑似谋杀妻子而被监禁了近20年，然而该罪名未经证实。对阿琳来说，她见证了一连串的法律斗争，这一定是一种奇怪而孤独的成长经历。保罗·高更的艺术爱好可能就是从他的外祖父那里继承过来的，如果他知道他的外祖父从1839年到1855年一直待在监狱里，以及他入狱的原因，不知道会对他的人生产生什么样的影响。在他丰富的

5《画家的母亲》(*La Mère de l'artiste*)，约1889年

自传体作品中，他将外祖母描述为一个“无政府主义者”“可能不会做饭”，尽管他清楚地记录了他的外祖母是个相当有趣的人物，但显然从未提过关于他外祖父的这桩事；有人认为高更十分欣赏其外祖母特

立独行的生活方式，遵循自己的信仰，而不是一味地服从家庭和社会的要求。更让人好奇的是，高更究竟在多大程度上认同她的政治观点，认同她主张的在历史上相当早熟的女权主义，以及她对工人事业的热情拥护态度。尽管由于自身选择和家庭传统，高更是一位共和主义者，也许是在秘鲁享受到的媲美贵族的特权生活和随之而来的作为一名艺术家寻求认可的极大挫败的反差太大，导致了他后来对专制政权和父权社会的渴望——尽管不是极度强烈地拥护。在当时的社会里，艺术家渴望得到保护，因为当时的体制对天才的忽视是致命的。

高更非常怀念他的父母，用他们的名字给他的两个孩子取了名：他唯一的女儿出生于1877年，名字叫阿琳，深受他的喜爱，而出生于1879年的第二个儿子名叫克洛维斯。但他与母亲的关系似乎有些紧张。

6《艺术家母亲的肖像》[*Portrait of the Artist's Mother (Eve)*]，1889—1890年

高更的母亲死于1867年，在她的遗嘱中指定古斯塔夫·阿罗萨作为她两个孩子的监护人，告知了阿罗萨她对女儿玛丽的教育期望，还有对儿子的未来的彻底放弃：“他自己想办法过日子吧，因为他不太讨我所有朋友的欢心，他会发现自己惨遭遗弃了。”显然，高更一开始觉得他母亲这种强硬的抛弃手段并没有对他造成任何伤害，事实上，当时他通过自己的努力成了一名商船海员，这段经历让他受益匪浅。高更的大儿子埃米尔刚满18岁的时候，他就主张他独立出去，而他的妻子完全反对这种做法，她想竭尽全力照顾他们的大儿子，确保他在自己选择的工程师生涯中能够谋得一份好职位。

鉴于高更不寻常的家族史，尽管他可能更多地受到父亲冷静性格的影响，但也许把高更看作一个出人意料、莫名其妙地摆脱了资产阶级生活痕迹的模范居家男人是一种误解。从1873年到1883年，高更在巴黎度过了短暂的10年安定舒适的家庭生活，倒不如说，这是他动荡不定和流离失所的生活的一次中断。高更和画家们待在一起时，可能比他和高级金融家们待在一起时更自在，但他仍然经常被巴黎的同时代艺术家认为是一个笨拙、爱管闲事的外来者。在他脸上，属于水手的那种焦躁不安、游移不定的神情从未消失。

毫无疑问，高更在颇具社会影响力的阿罗萨的帮助下，掌握了在股票市场上谋获成功的必要技能，在他供职的各个金融公司里如鱼得水。我们现在认为，他从1877年开展的一系列工作都是经过深思熟虑的，不过也是为了争取更多的时间来追求他对创作日益增长的热情。从他1873年结婚开始，高更每个星期日都在练习绘画，他还参加了科拉罗西学院（Académie Colarossi）的晚间课程，而非像他后来跟他妻子说的反话那样，是去赌博或是以其他方式荒废时间。当然，似乎他至少早在1873年就对风景画胸有成竹了，这一点我们可以从他在非
8 茨威廉博物馆展出的《风景》（*Paysage*）中看出。像与他同时代的许多画家一样，他认识到传统的法国风景画在当时很有影响力；在菲茨威廉博物馆展出的作品是一幅俯瞰河口的全景图，被广泛认为是他对卡米耶·柯罗的总体认知，以及对亨利-约瑟夫·阿平尼（Henri-Joseph
7 Harpignies）的特殊理解。高更于1875年创作的《与白杨树的风景》（*Paysage avec peupliers*）让人联想到巴比松画派的另一位画家，纳西斯·迪亚兹（Narcisse Diaz）。1876年，高更所作的一幅至今未署名

的风景画在美术展览馆中受到了众多好评和批判，极大地激发了他的艺术野心，这种野心让他很快就在当时的艺术创作领域中具备了一定的竞争力。

然而，大致就在这个时候，高更开始留意印象派画家，他们使用只有浅色调的调色板，对色彩的处理方式更自由、更随意，这对当时的风景画流派来说是十分重大的变化。这些印象派作品自1874年起就在巴黎定期展出，高更很可能参观过这些作品，他的引以为豪、颇具
9 规模的郊区景观画《沃吉拉尔的菜园》(*Les Maraîchers de Vaugirard*, 1879年）就可以证明这一点，尽管他仍然只是个业余爱好者，但他的作品已经超越了公众普遍接受的标准风景画，就如同印象派画家的风格一样。至此，他走上了独立绘画的道路，再也不屑于在官方美术展览馆展出作品。

1879年，高更已经开始效仿他的监护人投资当时的艺术作品，这可以说是他的必经之路，因为他坚信这些作品对艺术界来说十分重要，但它们的价值被低估了，也有部分原因是他需要经常接触印象派的画作来学习。经过阿罗萨众多藏品的熏陶，高更对巴比松画派的传统自然主义景观画已经有了成熟的品位，在此基础上，高更主要资助了在商业上不太成功的印象派画家阿尔芒德·基约曼（Armand Guillaumin)、塞尚和毕沙罗。据称，19世纪70年代初的某天，高更在阿罗萨的家中经人介绍认识了毕沙罗。无论如何，到1879年，高更同时扮演着毕沙罗的学生、赞助人和经理人的三重角色。他从这位老画家那里接受一些非正式的绘画指导，偶尔也会买下毕沙罗的一些作品，并帮助毕沙罗在自己的股市熟人里寻找潜在的买家，弥补（或者说分担）了毕沙罗经理人保罗·杜兰德-鲁埃尔（Paul Durand-Ruel）的工作。1879年，高更的收入似乎非常可观，他作为一个艺术收藏家的未来看起来似乎很美好。尽管高更和毕沙罗性情迥异，他们一直保持着这种互惠互利的关系，直到1885年和1886年，艺术认知和私人的分歧让他们分道扬镳。1879年4月，多亏毕沙罗的介绍，高更受邀

7上一页上图《与白杨树的风景》，1875年

8上一页下图《风景》，约1873年

9《沃吉拉尔的菜园》，1879年

参加第四届印象派画展，虽然当时他投递的作品已经来不及上展（他以毕沙罗老板的身份出席），他还是抢占了风头，或者说只是想吸引人们对他这个艺术家的注意。他送展了一尊雕像，是他儿子埃米尔的大理石半身像。

9 创作《沃吉拉尔的菜园》时，高更在自己家视野极差的一楼作
画。在这样一个不具备作画条件的地方创作几乎是令人难以想象的。
画面中有着高高的地平线，空无一物的水平面，只能瞥见一些谈不上
风景如画的屋顶。印象派画家显然是这种风景画创作方式的权威，更
10 确切地说，毕沙罗就是这个权威专家，他在自己的家乡蓬图瓦兹周边
画了十年类似的风景画。在高更寻找一种适合自己的风格的过程中，
这种凌乱、繁复的笔法就是他找到的一个新特点，虽然他也大面积使
用了强烈又纯粹的、带点讽刺意味的绿色，并用了小面积的互补橙红
色来衬托这种绿。这是高更学习过程中的一个阶段，与其说这是对光
线和氛围的研究，不如说高更正试图通过更轻巧、更灵活的笔触来改
变他的绘画处理风格，使他的风景画更具现代感，从而突出郊区这一

主题，这在后来被认为是印象派风景画的一大标志。在他这一时期的其他风景画中，高更似乎越来越专注于捕捉色彩的细微变化，这一点也可以从他在1881年为一幅夜间风景画做准备时所做的笔记中看出。在这个时候，他试着将自己的目光向印象派靠近，比如在系列作《埃
13, 14 米塔日的苹果树》（*Les Pommiers de l'Hermitage*）或《卡塞尔路花园里的画家一家》（*La famille du peintre au jardin, rue Carcel*）中，高更的作品也跟毕沙罗的作品一样开始出现焦点缺失的问题，画的纹理变得有些密集和杂乱。

毕沙罗的老朋友塞尚已经在高更和毕沙罗的画作中存在的这些共同问题上取得了一些技术进展，这无疑使他们俩对此产生了浓厚的兴趣。1881年夏天，他们有可能聚在一起共同研究过这些问题。这一点可以从卡米耶·毕沙罗的第二个儿子——乔治·曼扎纳·毕沙罗
11 （Georges Manzana Pissarro）后来画的一幅有趣的野餐素描中看出：风景画画家们聚集在毕沙罗位于蓬图瓦兹的家中。阿尔芒德·吉约曼（Armand Guillaumin）是那里的另一位常客，在那一年，高更和他建

10 卡米耶·毕沙罗，《埃米塔日的隐居小屋，蓬图瓦兹附近》（*The Côte des Bœufs at L'Hermitage, near Pontoise*），1877年

11 乔治·曼扎纳·毕沙罗，《印象派画家的野餐》(*An Impressionist Picnic*)，约1881年，根据画作题词，从左至右依次为吉约曼、毕沙罗、高更、塞尚、塞尚夫人和年轻的曼扎纳

立了良好的友谊；事实上，一些评论家也发现了他们的画作之间有非常相似的地方。在这个所谓的印象派的危机时期，画家们研究的更多的是如何在保留最初灵感的同时，让画作具有统一风格。因此，高更在1881年写给毕沙罗的一封信中半认真地建议道："塞尚找到一种能被所有人接受的作画模式了吗？如果他能找到一种把所有灵感充分浓缩成单一而独特的作画程序的方法，我求求你，给他喂点那种奇奇怪怪的顺势疗法药剂，让他在睡梦中把这个方法说出来吧。等他说了之后，你赶紧来巴黎告诉我们。"当时，塞尚正在研究他那套具有独特规律的平行笔触体系，但可能因为他本人太沉默寡言，或者太不自信，他从来不分享他的那套"秘方"，因此，高更想出了另一个简单有效的办法——他购买了几幅塞尚的画。到19世纪80年代中期，他已经购入了不下6幅塞尚的作品，包括他的一幅《静物画》(*Nature morte*)和

22 一幅地中海风景画《埃斯塔克山》(*Montagues, I'Estaque*)，这两幅
都是塞尚在成为一名成熟的画家的过程中至关重要的画作。

在1880年的第五届印象派画展上，高更首次以画家的身份公开亮
12 相。尽管他又送展了一尊他妻子的大理石半身像，鉴于他送展的其他
油画，众人还是怀有迟疑地把他归为了毕沙罗那一类的风景画家。大
多数评论家对他只字未提。第二年春天，在第六届印象派画展中，高
更带着一系列更具多样性的作品参展，包括几幅风景画和一幅大型裸
15 体油画、一个巴黎女人的雕像，还有一个上过色的石膏浮雕，上面雕
刻着一个捧着花束的音乐咖啡馆歌手。作为一名艺术品收藏家，高更
涉及的领域十分广泛，包括奥诺雷·杜米埃（Honore Daumier）、让-
53 路易·弗朗（Jean-Louis Forain）和德加创作的关于当代城市的画作，
还有毕沙罗、吉约曼和塞尚的风景画。高更在1881年画展中选择送展
的作品，似乎表现出了一种不愿被轻易归类的意向；事实上，从他职
业生涯的开端，他就对各种媒体上出现的三维作品十分感兴趣，甚至
18 不亚于他对画画的兴趣。毕沙罗画中的由高更创作的雕像是他在1880
年夏天的作品。高更说，7岁那年，在从秘鲁回家的长途旅程中，他
第一次尝试了雕刻。1877年，当他和他日渐壮大的大家族搬到沃吉拉
尔郊区，住进一幢位于死胡同尽头的房子时，他的邻居兼房东就是雕
塑家朱尔斯-欧内斯特·布约（Jules-Ernest Bouillot），房子隔壁的一
间工作室则租给了高更的另一位雕塑家朋友让-保罗·奥布（Jean-Paul

12《梅特·高更的半身像》(*Portrait bust of Mette Gauguin*)，1877年

Aubé），这些事绝非巧合。几年后，他与毕沙罗大师交流的泥塑、铁艺雕塑和雕刻的初步技能以及技术诀窍都是在这个地方学到的。他最早的大理石雕刻作品严格遵循19世纪晚期雕塑界的学术惯例，表现出一种非凡的视觉造型艺术。不久之后，高更就开始尝试德加在1881年第六届印象派画展上首次展出的《14岁的小舞者》（*Little Dancer of Fourteen Years*）的高挑战性风格。高更在1882年的第七届展览中展
17 出了儿子克洛维斯的半身像，这座半身像采用了一种与德加类似的非正统技术“现实派”手法，其头部为蜡塑，身体则为石雕。

1879年到1882年间，高更希望自己的作品能获得印象派其他成员的接受与认可，这也是让他相当焦虑的一件事情。毕竟，毕沙罗对他的支持可以说是带有一定程度的私人主义色彩，而参展元老莫奈和皮埃尔·奥古斯特·雷诺阿（Pierre Auguste Renoir）从一开始就对他的入选表示了质疑。莫奈在1880年曾抱怨，这个曾经联系紧密的小团体向所有人敞开了大门，这在本质上是一种沦丧，他所暗指的正是高更和其他几人。事实上，在1880年和1881年，莫奈和雷诺阿都没有参加印象派画展，而是把作品展出在了美术展览馆。这种“叛变”遭到了毕沙罗和德加的强烈反对，这种做法违背了他们最初订立的从美术展览馆独立出来的联合声明，何况当初正是他们负责为这场独立运动聚集人员——费德里科·赞多梅内吉（Federico Zandomeneghi）、玛丽·卡萨特（Mary Cassatt）和让-弗朗索瓦·拉法埃里（Jean-François Raffaëlli）就是由德加带进这个运动的。

无论高更作为一名实践艺术家存在什么不足，他都是一名娴熟的政治家，他的收藏家角色带给他一定的地位，他很快就在团体中确立了一定的权威。高更参与了关于1882年春季画展组织方式的激烈争论，用欧仁·马奈（Eugène Manet）的话说，他已经到了“独裁者”的程度，不仅和毕沙罗竞争，还意图拒绝拉法埃里参展。1881年，拉法埃里送展多达34幅油画和素描作品，完全抢占了画展的风头——他的理由是，画作规模都不大，所以用数量弥补一下。拉法埃里十分擅长

13上一页上图《埃米塔日的苹果树III》，1879年

14上一页下图《卡塞尔路花园里的画家一家》，1881年

表现不同类型的城市、拾荒者和被现代城市遗忘的人群，这也是他受到自然主义作家和评论家青睐的一个原因。但高更辩解说，从技术角度看，拉法埃里的作品与印象派无关，并威胁说，如果画展接纳拉法埃里的画作，他就撤回自己送展的作品。然而，最终结局是心怀不满的德加退出了画展，以示对自己门徒落选的抗议，这导致1882年的展览与前一年相比有很大的不同。这次展览中，莫奈和雷诺阿再次参展，风景画依旧占据着主导地位。尽管高更的创作中不乏有一些非同寻常、
16 发人深省的作品，比如他画的一幅女儿阿琳睡觉的画作《做梦的小女孩》（*La Petite rêve, étude*）——这幅画是他后来对无意识世界的关注的古怪预示，但几乎遭到了媒体的一致抨击。

高更也许是急于与“投机者”拉法埃里撇清关系，让他错失了来自若利斯-卡尔·于斯曼（Joris-Karl Huysmans）笔下的评语，这本该是他享受到的第一次明确赞美。作为一名自然主义小说家，加之爱弥尔·左拉（Émile Zola）门徒的身份，于斯曼在19世纪70年代末开始从事艺术评论工作，这或许是为了理清自己的审美观念。拉法埃里试图在视觉上表达出来的灵感似乎与于斯曼试图在文学中表达出来的东西十分相似，因此大获于斯曼的赞赏。但他在评论1881年印象派画展
15 的作品时，赞美了高更的《裸体习作（苏珊娜缝纫）》（*Etude de nu. Suzanne cousant*），表示为高更画中坦诚的写实细节而着迷。高更毫不掩饰地画出了模特的身材缺陷，以及她手中既现实又世俗的活计，表达出一种强烈的现实主义。于斯曼对高更的《裸体习作（苏珊娜缝纫）》的赞赏，实际上是他抨击当时的艺术中对裸体的保守观点的开端，他主张不要用做作的姿态和刻意的排布破坏现实主义的美感，比如库尔贝的《女人与鹦鹉》（*Femme au perroquet*）中的旧衬布。

直到1883年，于斯曼才在《现代艺术》（*L'Art Moderne*）杂志中发表了他的各种艺术批判，也就是这个时候，高更才读到了于斯曼对他的赞词。他在1883年5月写给毕沙罗的一封信中提起了于斯曼的评语，不过在那时，他已经对自己的才能和抱负有了足够的信心，这一点赞美对他而言已经是过去式了。“我仍然对他当面说的溢美之词感

15下一页图《裸体习作（苏珊娜缝纫）》，1880年

16《做梦的小女孩》，1881年

到吃惊，”他写道，“尽管这幅画确实不错，但是我可以看出，他只是被我画中裸体女人的艺术气息所吸引，而不是被这幅画的品质所吸引。如果要给印象派艺术出本书说说印象派到底是什么，我们还有很长的路要走。如果我是一个作家，我肯定想把它写出来，还有一些事情等着我们去完成。”这封信不仅展现了高更作为读者的敏锐，还提及了高更职业生涯中多次出现的担忧：他对评论家十分不信任，他不愿被人当成文学画家，但与此矛盾的是，他自己也怀着对文学和新闻界的抱负。高更在不同阶段都写过一些或短或长的非正式艺术评论，通常是对他所读过的东西的直接回应。事实上，《现代艺术》就是高更所谓的《1884/1885年笔记杂谈》(*Notes Synthétiques of 1884/85*）的催化剂。

尽管高更刻意表现得很冷静，但他无法不为于斯曼的赞美而感到雀跃。有人说他是一位会画画的艺术家，这是间接把他与伦勃朗·凡·莱因（Rembrandt van Rijn）进行了比较。人们觉得他的木雕作品带有一丝哥特式的现代气息，当时哥特热潮重现，这一评论也就成了高度赞美之词。1883年，高更显然是在忙着实现他的新想法，比如安排新的展览场地、与艺术品经销商们的正面交锋、研究生产印象派挂毯的可能性……因此，当高更得知杜兰德-鲁埃尔（Durand-Ruel）带头提议取消一年一度的印象派画展，转而在其画廊举办一系列个人展时，他很不高兴。杜兰德-鲁埃尔辩称，团体展引发了很多满怀恶意的风评，应该多考虑开办个人展。高更试图说服毕沙罗，他认为众人保持统一战线才能展现印象派的力量，并警告毕沙罗，个人展不符合他们的利益方向，但当然，像他和吉约曼那样不跟杜兰德-鲁埃尔站一队的艺术家是损失最大的一方。

自1882年金融危机以来，高更在股市上的收益急剧跌落，同时伴随着联邦银行（Union Federale bank）的土崩瓦解。事实上，这次的危机使得杜兰德-鲁埃尔改用更谨慎的新策略来支持印象派画家。在高更生活拮据的第一年，面对这些现实中袭来的重重困境，他最终决定要不畏艰辛，全身心投入艺术事业。绘画也开始占据他越来越多的

17左图 《克洛维斯·高更的半身像》（*Bust of Clovis Gauguin*），1881年

18右图 卡米耶·毕沙罗，《保罗·高更雕刻“散步的女人”》（*Paul Gauguin sculptant la Dame en promenade*），1880年

精力和时间，他觉得自己再也没有精力兼顾两头了。高更预计，如果他把所有的商业头脑投入艺术市场的征伐上，相信很快就能弥补眼前的收入损失。他认为，有了正确的管理技能领导，加上强大的关系网（正巧他都具备），绘画事业的成功指日可待，他对此十分有信心。毕沙罗起初被高更的决心和勇气所折服，然而，没过多久，他就开始怀疑高更的商业主义的可行性，尤其是高更所谓的对资产阶级公众的特殊理解。

毕沙罗深知，高更面临的最大难处就是支撑和维系他的家庭。高更不失感伤地承认，他的妻子无法应对目前的经济难题。在高更描绘
19 沃吉拉尔的几幅画中可以看出，两年前，他们的生活相当阔绰，住在卡塞尔路舒适的房子中，有花园，有仆人。现在，他们却需要离开巴黎，寻找更便宜的住处。1883年10月，当他和梅特提出要搬到鲁昂

19《画家在巴黎卡塞尔路的房子内部》（*Intérieur du peintre à Paris, rue Carcel*），1881年

20《鲁昂港》(*Le Port de Rouen*)，1884年

时，他们已经育有4个孩子，第5个孩子也即将出生。无论从哪个角度看，高更转职的时机都糟糕透顶。

鲁昂的资产阶级买家比高更预测的更难以捉摸，当他们一家在那
4 儿过了不到一年的拥挤而窘迫的生活后，梅特带着两个孩子去了哥本
哈根。大儿子埃米尔则早已在哥本哈根接受丹麦教育。约一个月后，高更带着另外两个孩子羞愧地跟了过去。

早在1919年，萨默塞特·毛姆（Somerset Maugham）的畅销小说《月亮和六便士》(*The Moon and Sixpence*）中就猜测性地描述了这位看似成功的商人牺牲家庭和事业来实现画家这一不太现实的梦想的动机。大约30年后，从高更自1885年与妻子分离开始，一直持续到1894年写给妻子的信件中，我们了解到，原来他们两人的婚姻关系比众人了解的更持久，高更想成为画家的动机也更为复杂，远超出了毛姆对书中的主人公思特里克兰德的描写。然而，有人猜测，书中的“思特里克兰德的妻子”，也就是梅特·高更，过了几年后才意识到，

丈夫的绘画梦想对她的幸福来说是一种威胁，而她无力反抗。她并不是不欣赏丈夫的艺术天赋，后来她被高更从塔希提岛寄回家的作品深深震撼，但在一开始，她无法理解或原谅丈夫看似魔鬼般的冲动，他不仅要画画，画的还是风格古怪又没有销路的作品。如果高更能像她挪威的妹夫弗里茨·塔乌洛（Frits Thaulow）那样正常地画画外光派风景画，没准她早就顺顺当当地接受他的这个梦想；顺带说一句，她的妹夫觉得高更除了一腔清高，一无是处。但她心里也清楚，对独立艺术家来说，家庭不能成为他们的束缚，就像毕沙罗一家那样，她也不准备在这种不稳定的生活中牺牲掉自己或孩子的日常和幸福，放弃她所珍视的安全感、体面、社交和教育。

在高更夫妇结婚之初就存在的经历和教养的差异让他们难以安然度过这场风暴，更何况高更认为，艺术天才是无法在正常的社会关系和责任的枷锁中茁壮成长的，他似乎深深迷信19世纪的这套说法。考虑到这些实际情况，他和梅特最终的决定倒是意外地一致。1885年，他们决定各自生活，让高更全身心成为一名有稳定收入的画家，这样他们两人和他们的孩子就都能受益，恢复家庭生活。我们只能从高更写给妻子的只言片语中了解到一些问题，但可能不是事情的全貌。他们经历了情感和肉体关系上的决裂，自我辩白时交加的怨恨、柔情以及愤怒，最终这一切都消散在破灭的希望、自怜自责和懊恼的爱子之情中。过于自信的算计、猜测和互相的嘲弄，加深了双方的误解，加上随之而来的经济纠纷，正是因为这些原因，梅特最终在1894年中断了两人的通信。

第2章

全职画家

（1885—1888年）

哥本哈根对于高更来说是个风景如画却冷淡无情的城市，当他和自己的岳家生活在那里时，种种不便迫使他无法继续进行创作。哥本哈根有着漫长寒冷的阴暗冬季，是印象主义风景画的地狱，可以入画的油彩相较巴黎也逊色许多。与此同时，加德一家更是把高更视为陌生人，非常反对他的绘画事业。尽管高更已经下定决心完全献身艺术，但靠画画挣钱显然不现实，这使得他不得不向生活妥协。因此，在1885年早期，高更成为一家法国油布制造商的挂名代理商。他尝试着去谈一些生意，但成果寥寥无几。一方面，他不会说斯堪的纳维亚语，只能依靠妹夫去了解挪威市场的信息；另一方面，他依旧把大部分时间花在解决绘画问题上，在哥本哈根四处奔波，或者待在家里。高更偶尔能从报纸和好朋友那里得到一些有关巴黎美术界的消息，这对他来说就像是救命稻草一样。

令高更大吃一惊的是，自己与巴黎印象派的渊源在丹麦有了一定的影响力。无论是批判他的保守派画家，还是偷偷效仿他的画作的年轻人，都证明了他的作品确实引起了美术界的兴趣和关注。毫无疑问，他夸大了自己的离经叛道对这样一个墨守成规的清教徒式社会造
21 成的影响，我们只能从他的作品《室内静物》（*Nature morte dans un intérieur*）中一瞥这个社会的文雅之风。紧接着，1885年5月，在为期仅5天的艺术家协会赞助的画展中，他对这一认知的夸大或者说是误解更进一步。在高更看来，他的画展并没有匆匆收尾，而是与协会举办的其他画展的展期差不多；然而，哥本哈根的媒体对这一点一笔带过，表达了一种对一个不入流的画家的漠视。高更对此十分不满，他

21《室内静物》，1885年

对丹麦人的反感贯穿了他的余生。事实上，在哥本哈根的经历让高更第一次（但绝不是最后一次）称自己为艺术的“殉道者”。他的作品
2 《画架前的自画像》外化了这种情绪，突出了他眼中的波希米亚画家的形象。

在丹麦的郁闷生活，以及远离巴黎这个灵感之都的挫败经历（事实上，他之后的职业生涯的大部分时间也都是类似的挫败经历）似乎也有积极的一面，它们让高更心中对艺术的思考更加明晰，也让他的抱负更加具体。有一段时间，高更曾专注于研究自己收藏的画作。当他在给一位艺术家朋友——埃米尔·舒芬尼克尔（Emile Schuffenecker）写信时，他发现，就像字如其人一样，从一个画家的作画风格中也可以看出这个画家的性格。他说，以塞尚这样的画家为例，从他说话时喜欢用的沉重的被动语态、作画时对深刻又强烈的

22上图 保罗·塞尚 《埃斯塔克山》（*Montagnes, l'Estaque*），1877—1878年

23下图《普罗旺斯风景》（*Paysage provençal d'après Cézanne*），1885年，附字"Dédié à M.Pietro Krohn, Copenhague, 1885"

色彩的喜爱，以及他豪迈的书法中，就可以看出他本人具有一种神秘又深邃的东方人的天性。在1885年5月的一封信中，高更把这些想法告诉了毕沙罗，因为毕沙罗对他最近作画的沉闷色调十分不满。高更很清楚自己在做什么，他认为这些暗沉的色彩恰恰与那些他厌恶的华而不实、哗众取宠的同时代画作相反，他所画出的正是他内心想要的色调单一、基调昏暗的画作。高更大意所指的就是像亨利·热尔韦（Henri Gervex）和儒勒·巴斯蒂安-勒帕热（Jules Bastien-Lepage）这样对丹麦艺术家有重大影响的艺术家。无论高更是否意识到这种作画风格产生的后果如何，要想以这种概念性的暗沉色调画出好的画作，就必须走上一条和毕沙罗所坚持的截然不同的道路，后者通过精细而均匀，但又各自独立的笔触来实现画作的整体统一。直到几年之后，高更心中所构想的反印象派效果才在他的画作中明显体现出来。眼下，高更为了拒绝毕沙罗给他提出的建议，或许也是为了安抚毕沙罗，他用颇为满意的语调说，在用这种画法捕捉春天第一片翠绿的景色时，他已经获得了更轻松、更灵活的方法和心得。在把自己的作品和丹麦人懦弱的作品进行比较后，他更加相信：平庸从众是艺术最大的祸端。不要害怕去创造一种世人会觉得“夸张”的艺术；相反，他认为极端主义才是唯一的前进之路。

高更在他的《笔记杂谈》（*Notes Synthétiques*）中提到了这个略显夸张的艺术造诣前进之法，这也让我们确信，他确实是在1884年或1885年写下这些笔记的。事实上，他对这一点的关注是受到了时代背景的影响。在过去，德拉克洛瓦和一般浪漫主义者的“夸张”也为人所不齿。在德拉克洛瓦死后，美术学院（Ecole des Beaux-Arts）的一个大型回顾展挽回了他的名声（虽然已经太迟了）。作为德拉克洛瓦的忠实崇拜者，高更因为错过了那次展览而大发雷霆，对各种有关此事的报道求知若渴，甚至托一位朋友替他买下了一张德拉克洛瓦的
24 《唐璜遇海难》（*Shipwreck of Don Juan*）中沉船的照片。现在，德拉克洛瓦的天才之能已经得到了公众的认可，这让大多数评论家都处于尴尬境地，但他们仍在挣扎，试图证明之前批评家对德拉克洛瓦的过分敌意是有正当缘由的。

“色彩在绘画中有极其重要的作用，色调的和谐是一门科学，绘画与音乐也有千丝万缕的联系。”高更在《笔记杂谈》中提出的这一

24 欧根·德拉克洛瓦，《唐璜遇海难》，1841年

论点与德拉克洛瓦的著名格言不谋而合，这当然不是巧合。高更认为，作家和音乐家可以使用的表达手段比不上画家对色彩和色调的微妙表达，色彩的表达范围广泛得令人难以想象（尽管比不上大自然本身的复杂性），任何一个妄图评判一幅画作的评论家都得先在色彩科学和"对大自然的第六感"方面有点造诣。高更这一认知是对于斯曼赤裸裸的嘲笑，因为于斯曼曾"无知地"指摘过印象派画作对蓝色的过度使用。高更主张直接使用并列的纯色作画，而非不纯的混合调色，让颜色和线条相互依存、不可分离。高更与印象派密不可分，人们很自然地认为，这是高更从印象派那里学来的反学术"恶习"，这在当时也是一个话题热点；事实上，他们当时正在用这一点给巴黎前卫派的另一位新成员——乔治·修拉（Georges Seurat）洗脑。

高更知道自己还缺乏将想法付诸实践所需的专业知识和灵巧的双手，但他确信自己可以通过艰苦创作和反复练习来弥补这一点。"一幅画作需要的不是辛勤的汗水，而是以灵感为笔触，用最简单粗暴的方式将心中的强烈情感倾泻出来。"这种富有典型浪漫主义的自我训诫也深深影响了舒芬尼克尔。埃米尔·舒芬尼克尔和高更一样，也对自己的股票经纪人身份心怀不满，决定成为一名全职画家。[值得一提的是，在高更未来身处的艺术界的同僚中，有不少人都从事过其他职业，他的情况绝非特例。吉约曼不得不在晚上为桥梁道路学院打工来补贴他的绘画事业，文森特·凡·高（Vincent Van Gogh）曾做过画商、教师和传教士，评论家奥克塔夫·米尔博（Octave Mirbeau）以前也曾是个股票经纪人]。不过，相较高更，舒芬尼克尔的情况要更好一些，他还有稳定的投资收入。他继承了一大笔遗产，做着黄金生意，利润丰厚，尽管他的才华并不出众，这也足够让他以一名独立画家的身份舒适地生活，这一事实也愈加让高更恼火。他投资了一种风险更大的商品——现代画；虽然偶尔也能卖出几幅画作，在捉襟见肘的关键时刻解救他，但他的藏品需要更多的时间来发酵，待藏品升值，才能算作一项成功的投资。高更还利用西班牙当时的政治斗争做了一些秘密的投机买卖，希望通过鲁伊斯·佐里拉（Ruiz Zorrilla）领导的革命共和党的胜利来赚一笔。1883年8月和1886年8月，他充当鲁伊斯的秘密信使，但当时的政权仍然掌握在西班牙执政君主党手中，他所期待的这笔收入最终泡汤。他们有着共同的背景，以及对独立绘画事业的共同追求，所经历的磨难也自然而然地如出一辙，高更马上迎来了一场危机。到1885年夏天，高更在丹麦的岳家处境愈发尴尬，家人对他满是敌意，因此，他打算回到巴黎，（用他自己的话说）至少在他在艺术市场开辟一席之地之前，先将就着做他能找到的任何工作。克洛维斯陪他回到巴黎，他的妻子和其他孩子则留在了哥本哈根。梅特的家人和朋友能对他们提供一些经济支持，梅特自己也可以通过翻译工作和法语教学赚些钱。

高更在迪耶普和伦敦辗转了几周之后，靠着把部分藏品卖给杜兰德-鲁埃尔的收入，以及在火车站贴海报赚的几个法郎，在巴黎租了一间房子，度过了一个寒冷又不适的冬天。克洛维斯也在此时病倒了，最终，高更的妹妹出面，出钱把克洛维斯送进了一所寄宿学校。

1883年到1886年，高更在艺术上投入的时间似乎并没有比他以前有全职工作时多。他生活颠倒，吃了上顿没下顿，导致他几乎没有时间或精力去作画。1886年春天，推迟已久的第八届印象派画展在拉菲特大街举办。相比他1882年的作品，高更在这次画展上提交的一组作

25《果园中的牛群景观》(*Vaches au repos*)，1885年

品几乎没有什么风格上的发展，所涉猎的艺术范围反而变小了——看看他潦倒的生活，这一点也就不足为奇了。他送去了18幅油画，其中14幅是风景画，只有一件是木雕作品。

那一年，高更“收获”了满满一兜的批判。他的作品确实体现出了他的认真和努力，甚至也透露出几丝潜在的天赋，但他的风景画略显单调，氛围沉重、忧郁，评论家保罗·亚当（Paul Adam）认为这是对大自然的邪恶力量的暗示。但从事后看来，我们可以说，他对高
25 更的这些评价还是挺正确的。除了几处农家庭院和草地，包括《果园
26 中的牛群景观》，他的小幅油画《在第厄普戏水的女人》(*Baigneuses
à Dieppe*）就显得与众不同了：我们再次从事后的角度来看，这是“浪潮中的女人”这个反复在他画中出现的主题的第一幅实例。画中呈一条鲜明的翠绿色横带状的远处的大海，以及画面前4个仿佛在舞蹈的女性剪影，也微妙地预示出了他后来的作品风格。

26《在第厄普戏水的女人》，1885年

1886年，前卫派艺术和文学之间的关系得到了巩固。其中，有一位名叫菲力克斯·费内翁（Felix Feneon）的年轻评论家写了一篇关于印象派画展的中长篇评论，他对未来的发展趋势独具慧眼。他是新一代的诗人兼作家，这一批人日益对自然主义信条以及当时无止境的生活阴暗面感到厌倦。在象征主义的旗帜下，他们想要创造一种新的诗歌体，蕴藏微妙暗示，以唤醒人们的思想。同时，他们也在关注着跟他们往同一个方向发展的艺术家们。在评论中，费内翁将高更不同寻常的作画色彩归功于他本身，但仍将他与吉约曼、莫奈和阿尔佛雷德·西斯利（Alfred Sisley）归类为最初鲁莽追随印象派画法的画家。最终，他把目光转向了修拉和他的流派，赞美之词也随之转移到了他们身上，不久之后，他就把他们称为新印象派，并把他们的作画方式称为对印象派技法的彻底革新。他在评论中详细描述了修拉的巨幅布
27 面油画《大碗岛的星期天下午》(*Un Dimanche à la Grande Jatte*)，解释了用纯色小点来处理明亮背景的原理，并称赞修拉超越了印象派的“昙花一现”，创造出了一种更永恒的自然画法。毫无疑问，费内翁已将修拉视为未来前卫派绘画的关键人物。

1886年6月，高更心里一定还记着费内翁的那篇文章，但他写信给妻子，以令人惊讶的乐观口吻说，他们的展览“再次引起了人们对印象派的热烈讨论”。对他作品不冷不热的批判似乎反而对他起了鞭

策作用，当然，部分是因为他瞧不上那些赢得了公众大部分赞誉的思想和作品，对此无动于衷。但已经被推上了权威之位的乔治·修拉可不是一个宽宏大量的年轻人。那年夏天，蒙马特工作室出了一件事，让修拉和高更之间日益紧张的关系浮出了水面，在彼此心中种下了仇恨的种子。修拉的主要追随者保罗·西涅克把自己的工作室暂借给了高更，而就在隔壁的修拉不愿意让高更使用那个工作室。接下来就是双方一连串愤怒的信件往来，修拉指责高更的粗鲁，吉约曼和毕沙罗也被牵连。最后，高更正在气头上，向西涅克抱怨道："我可能是一个犹豫不决、胸无点墨的艺术家，但作为一个男人，我不允许任何人就这些世俗之事欺负到我头上来。"

对于38岁的高更来说，要实现他的宏伟抱负，时间已经不充裕了，而且他明显感到了1886年"点彩"画法的流行对他带来的威胁。令他沮丧的是，毕沙罗也已经接受了这种画法，而舒芬尼克尔也只是众多没有像高更那样的信心和决心的独立画家中的一位，只渴望投身于潮流中。因此，在1886年画展之后，画家们的画法都从一种松散的

27 乔治·修拉，《大碗岛的星期天下午》，1884—1886年

28 帕斯卡·达仰-布弗雷（Pascal Dagnan-Bouveret），《布列塔尼的赦罪》（*The Pardon in Brittany*），1886年

印象派技法转变为点彩法。虽然高更自己也创作了一两幅点彩画，但毫无疑问只是为了满足好奇心，他仍然毫不掩饰自己对“科学”印象派的蔑视。

那年，高更拒绝了与新印象派画家在独立画廊以及在南特的再次合作，打算在布列塔尼度过这个夏天。这次的决定代表着高更离开了这个他经常出没、十分依赖的艺术圈：由于高更拒绝加入点彩派，毕沙罗认为他这个昔日的学生已经叛逃到了敌对的所谓“浪漫主义”印象派阵营，并就此预言，从此以后，他们之间将再难合作。

布列塔尼是巴黎教学工作室的艺术系学生们夏天最喜欢去的地方。几个月前，高更也跟其他人一样，被这里廉价的夏日别墅吸引，打算来这里避暑。高更是否也曾期待在这个美丽的蓬塔旺小镇创作几幅佳作，我们就无从得知了。当然，他的目标与大多数每年云集于此的国

际艺术家们并不完全相同。比方说，到目前为止，他对民间的过时习
俗毫无兴趣，劳动农民的形象在他的风景画中只占了很小一部分。至
于众所周知的布列塔尼人坚定的宗教信仰方面，尽管当代画廊画家帕
28 斯卡·达仰-布弗雷有力证明了这一题材很受大众欢迎，但在高更心中，
优美庄重的宗教仪式是不是能入画的潜在主题，我们也无从得知。

那年冬天，除了继续高举印象派的“革命”大旗作画，高更唯
一固定的艺术行程就是和正在扩张的巴黎哈维兰工作室的员工欧内斯
特·沙普莱（Ernest Chaplet）一起制作陶艺品。高更是在印象派画家
菲力克斯·布拉克蒙（Félix Bracquemond）的介绍下认识了沙普莱，
菲力克斯也是一位热心的陶艺家。早在离开巴黎前，高更就开始重新
整理并简化他在早期作品中使用的图案。在布列塔尼，他更专注于这
30 项工作，尤其专注于简朴、简约的人物和动物图案，这也与他的陶艺
29 装饰有关。高更可能注意到了凯特·格里纳韦（Kate Greenaway）的

29左图《画着布列塔尼女孩的花瓶》（*Vase with Breton Girls*），1886—1887年

30右图《陶瓷设计》（*Ceramic designs*），1886—1887年

儿童插画在哈维兰工作室被改造成陶艺品装饰图案，也注意到了在自己来到布列塔尼之前，就已经在此地修行了大约8年的艺术指导伦道夫·考尔德科特（Randolph Caldecott）画的儿童画。这些成功的英国插画家笔下营造的天真风格（毕沙罗曾赞美过这一点，于斯曼也曾在《现代艺术》中褒扬过这种风格），似乎与高更在蓬塔旺看到的乡村图案和古雅服饰的风格如出一辙。

高更的彩色画风格愈发清晰，这也是他后来在工作室里第一次尝
试在景观画中加入大型人物的一个基础。他最著名的1886年布列塔尼
33 画作，《布列塔尼妇女》（*Les Quatre Bretonnes*），就是在那个冬天基
35, 36 于他在巴黎的早期作品创作的，1887年所作的大型画作《两个沐浴的
女人》（*Deux baigneuses*）亦是如此。蓬塔旺成为艺术家聚居地已经
是铁打的事实，由此，村里的妇女开始通过做画模来赚点外快，而高
更对艺术的“特殊”追求还不至于特殊到要拒绝这摆在眼前的便利。
高更从毕沙罗那里学到过让画作构图简洁有力的重要性，而在1886年
34 的第八届印象派画展上，德加一组令人印象深刻的彩色粉笔裸体画则
进一步强化了高更对这一点的认知。当高更创作关于布列塔尼人的大
型蜡笔画时，首先映入他脑海中的就是这些艺术家的例子。高更不满
足于只是记录这些陌生的服饰和凯尔特人的面貌，也喜欢像德加那样
31 画一些笨拙又引人注目的人物姿势。比如说，从后面看，一个女人双
33 手叉腰；另一个女人被透视视角缩短了半截，只有一个侧面轮廓，正
在调整她的鞋子。高更也花了很多时间研究裸体，他的油画《沐浴
39 的布列塔尼少年》（*La Baignade au Moulin du Bois d'Amour*）使用
外光派画法，可谓是高更迄今为止尝试过的相当复杂的人物布局的画
作之一，却还是呈现出一种混杂的古怪风格。这幅画的题材与塞尚的
画作相似，但在构思上很大程度上要归功于德加，并且大胆采用了纯
38 色块作画。高更在他速写本上画的小素描，《布列塔尼牧羊女》（*La
Bergère Bretonne*）在构图和技巧上同样也呈现出了混乱的感觉。画这
幅画的时候，高更可能在把画布拿到室外作画之前，就已经在工作室

31下一页左上图《坐着的布列塔尼女人》（*Bretonne assise*），1886年

32下一页右上图《布列塔尼妇女》习作（*Bretonne*），1886年

33下一页下图《布列塔尼妇女》，1886年

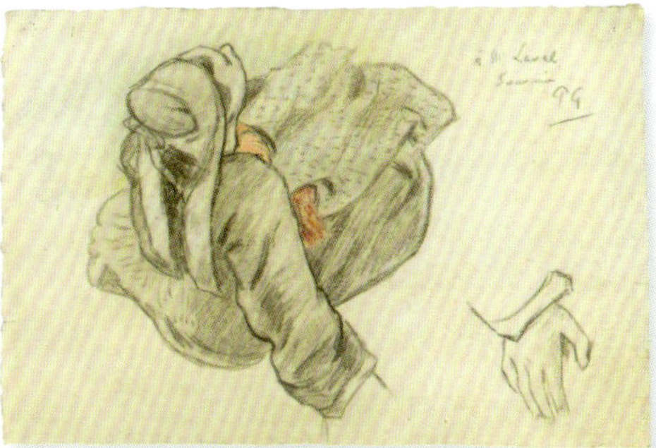

34左图 埃德加·德加，《站立的裸女》（*Femme nue debout*），1880—1883年
35右图《两个沐浴的女人》习作，1886—1887年

里精心准备过，但是，高更最后用来收尾的可能是用黑貂笔画的亮色条纹，这似乎与景观画统一以及浓密的色调不协调。

这些作品显然令其他巡回艺术家感到震惊，如同他在哥本哈根所做的那样，高更陶醉于自己这种能够激起公愤的能力。他承认，和极易触怒的保守派亲近让他很兴奋。根据两个当地人的描述，高更在这3个月的逗留期间大大吸引了人们的注意，不仅是因为他奇特的绘画方式，还因为他古怪的长相、举止和勇猛的拳击技巧。当地居民大多处于学生年纪，与此相比，高更则显得更年长、游历经验更丰富，具有一定的权威。当他发表有关艺术问题的演讲时，人们都会前来倾听。

36《两个沐浴的女人》，1887年

与高更关系最亲密的学生叫作夏尔·赖伐尔（Charles Laval）。他曾是
37 利昂·博纳（Leon Bonnat）的学生。高更的《有赖伐尔侧面像的静物画》（*Nature morte au profil de Laval*）右侧画的就是赖伐尔充满求知

神采的侧脸。这幅画在色彩上效仿塞尚，但也有自己的特色，画入了一件出乎人意料的静物，那就是高更做的陶罐。这幅画很可能是高更在巴黎完成的。

当高更从布列塔尼返回时，他仍处于穷困潦倒的状态。由于急性
心绞痛，他在医院住了一个月。在1887年初，身无分文的他陷入了深
深的沮丧与痛苦之中。不过，高更带回来的研究成果让他对制陶有了
一些想法。他在沃日拉尔的布洛梅街的沙普莱身边工作了一个月，一
共制出了55件陶器。高更在这方面花费的精力十分惊人，我们只能用
他寄希望于卖陶瓷赚大钱来解释这一点。这一系列的作品包括一些极
29 具功能性的传统陶制品，比如在《画着布列塔尼女孩的花瓶》中，高
更首次采用了景泰蓝技术，通过切割和镀金用坚实的线条划分出了色
43 彩平面区域。另一件重要作品是《花盆架》(*Jardinière*)，精心绘制
38 了人物和动物并上了釉，手法与高更在《布列塔尼牧羊女》中使用的
相一致。但是大多数罐子都显得古怪又粗糙，就像《有赖伐尔侧面像

37《有赖伐尔侧面像的静物画》，1886年

38上图《布列塔尼牧羊女》，1886年

39下图《沐浴的布列塔尼少年》，1886年

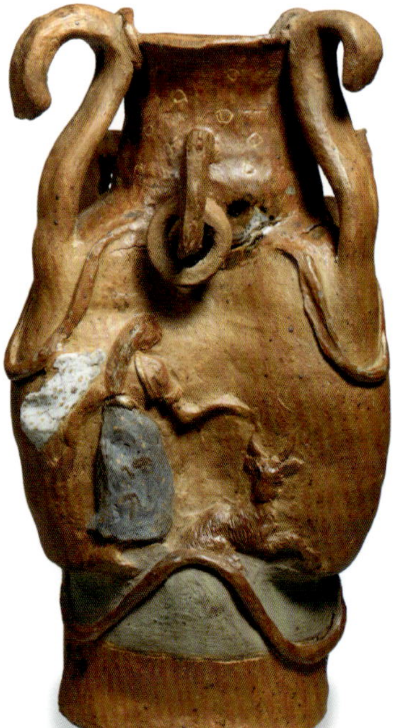

40上图 装饰着沐浴女人的杯子，1888年

41左下图 装饰着女人半身像的花瓶，1886—1887年，1893年展出

42右下图 有女人和山羊的器皿，1886—1887年

43 矩形《花盆架》，1887年

的静物画》中的陶罐一样，呈现出手工的拙劣感，让人联想到高更童
40, 41 年时期时在秘鲁见过的前哥伦布时代的陶器。在这些作品中，高更将
42 陶瓷这种艺术媒介发挥到了极限，挖掘出它的原始内涵，而这些非常规的作品也受到了沙普莱、布拉克蒙等人略带保留态度的赞赏。然而，事实再次证明它们没有市场，高更的乐观预测再次被证明是没有根据的，虽然这也是见怪不怪了。

到1887年春天，高更的经济状况已经到了绝望的地步，他唯一的想法就是逃离债务，逃离这个与妻子相互指责的泥潭。当时，巴黎曾因法国可能与德国开战陷入短暂的恐慌，高更想抓住这个机会打破僵局，但这又是一次错误的预测。高更把他的陶器委托给了他的画作商阿尔塞内·波尔捷（Arsène Portier），并于4月登上了一艘开往美国的轮船，打算在巴拿马湾的塔波加岛避难，顺便休养生息。然而，计划出了差错，高更觉得自己别无选择，只能在巴拿马运河（当时还在建设中）做一些工作来挣返回加勒比海马提尼克岛的船票。马提尼克岛终于映入了赖伐尔和高更的眼帘，这是一块法国保护地，也是画家们沉醉的天堂。那里的气候、风景、色彩鲜艳的动植物，以及待人随和的原住民，都正如他们想象中那般令人着迷。他们租下了一间工作室，定下心开始创作。不幸的是，高更在巴拿马创作时感染了痢疾。无论是一阵阵袭来的艺术热情，还是当地生活让他迸发的灵感都无法阻止他的精力逐渐被疾病削弱。在逗留了近4个月后，他给妻子和舒芬尼克尔写了几封引人恻隐的信。回到巴黎时，他的身体状况比离开时更糟了。

高更觉得他这次带回来的十几幅油画比他在蓬塔旺的作品质量要高得多。当然，这次作画的自由度明显更高，用色十分大胆；至此，高更已经形成了色彩密不透风的作画风格，喜欢红与绿的强烈对比。这种绘画风格与热带植物十分相称，而这种适配性在他的油画中完美地展
45 现了出来，比如他构造了大量人物的4幅作品之一——《杧果采摘者，马提尼克岛》（*Les Mangos, Martinique*）。画作前景中的两个女人的姿势显示出一种富有信念的力量感，这一点在草图中就显露无遗。这

44《来自马提尼克岛的两个女人》（*Martiniquaises*），1887年

45《杧果采摘者，马提尼克岛》，1887年

两个人物并非随意插入构图，它们的空间间隔以及垂直、水平角度都经由高更的精心考虑。这既是一种线性设计，也是一种色彩设计，细密的花纹让这幅画有了挂毯般的质感，这也是高更几年前一直热衷尝
46 试的一种作画形式。他在后来由德加收藏的《来来往往，马提尼克
47 岛》(*Allées et venues, Martinique*)，以及《热带植物，马提尼克岛》(*Végétation tropicale, Martinique*) 中也运用了类似的丰富细节手法。

这些画作被放在巴黎波尔捷画廊里展出，引起了两个荷兰人，提奥·凡·高和文森特·凡·高的极大兴趣。1887年末，高更与凡·高兄弟的相遇对艺术界产生了重大影响，他自己也很快就意识到了这一点。提奥·凡·高是一位画商，在巴黎的古皮公司（即现在的布苏&瓦拉东公司）工作了9年。提奥断断续续地做过高更的经销商；他和波尔捷一起住在蒙马特的一栋公寓里，也见过波尔捷的其他客户，比如毕沙罗父子，还有吉约曼。最近，他自己也开始对这些独立画家的作品经

46《来来往往，马提尼克岛》，1887年

销产生了兴趣。事实上，从1886年起，他就成功地将德加、毕沙罗等人的几幅作品渗透到了位于蒙马特大道的古皮画廊陈列室中，并努力把他们介绍给公司里更偏爱画廊艺术家的那些客户。他的哥哥文森特于1886年从海牙来到巴黎，准备继续开拓他的艺术生涯，他也因此受到激励。文森特·凡·高很快就结识了一大群艺术家，以及科尔蒙工作室的同伴，比如埃米尔·贝尔纳（Emile Bernard）、亨利·德·图卢兹-罗特列克（Henri de Toulouse-Lautrec）、路易斯·安克坦（Louis Anquetin），还有保罗·西涅克和吕西安·毕沙罗（Lucien Pissarro）等人。毫无疑问，文森特帮助他弟弟扩展了对绘画最新趋势的认识。1887年秋，提奥意识到卡米耶·毕沙罗新的点彩技法不受杜兰德-鲁埃尔的青睐，于是向他示好。1887年12月，他看到了关于马提尼克岛的这些作品，提议把一小批高更最近的作品挂在毕沙罗和吉约曼的作品

47《热带植物，马提尼克岛》，1887年

48《海岸风光，马提尼克岛》(*Bord de mer, Martinique*)，1887年

旁边。高更当然很高兴，尤其是在那之前，他还没有从其他画商那里得到过如此确定的承诺。他在1887年12月给梅特的一封信中强调了这次新安排的重要性，还再三提到了美术馆的中心地位，不像在巴黎波尔捷画廊中那样默默无闻，这次的展品有更多机会吸引到公众和评论家的注意。高更确实不负所望，他在美术馆里展出的作品卖出了900法郎的高价。他自豪地说："这里正在变成印象派的中心。"

高更是个乐观主义者，即使只是再微小的好征兆，他也能雀跃不已。他的努力正在得到大家的实际认可。这正是在他身体每况愈下的时候最需要的激励。毫无疑问，高更现在有了创作的热情，但他也同样清楚，对于他和文森特·凡·高来说，巴黎并不是最适合创作的地方。这里生活成本太高了，贪欲横流，涉及太多经济纠纷，过多繁杂的消遣方式和新兴想法不断在年轻艺术家之间发酵，对他们来说可能只有反作用。1888年初，他在给梅特的信中解释说，他马上就要成功了，所以需要在接下来的七八个月里为他的绘画事业做出"最大的努力"。就像凡·高当时离开巴黎前往普罗旺斯一样，高更也于2月初离开巴黎前往布列塔尼，并再次定居在蓬塔旺的格洛阿内克旅馆。

第3章

尝试协作（1888年）

到达布列塔尼几个星期后，只要天气情况不错，高更身体状况也允许，他就开始进行他的计划。高更现在更清楚地认识到了选择布列塔尼作为创作地的优点。他想要“把当地人和风景的特点融入自己的骨血”。他把自己的喜好和他的老朋友舒芬尼克尔专注的巴黎主义做了一下对比。舒芬尼克尔被新印象派团体所青睐的那种现代社会主题所吸引（当时聚焦在修路工这一主题上），而高更则更喜欢乡村风格：“当我的木底鞋在这花岗岩土壤上撞击出声响时，我仿佛感受到了我在绘画中所追求的那种沉闷、黯淡、有力的色调……”如果不是这种对“沉闷、黯淡、有力的色调”的狂热追求（他很快就果断地把自己的风格有意识地和画廊里那些老练、圆滑、把绘画摄影化的当代画家们进行了对比），高更的野心就会像19世纪80年代在法国各地创作的众多乡村农民风格画家一样。大多数人认为，由于布列塔尼人习惯在严酷的环境中生存，在岛上坚硬的花岗岩上辛勤劳作，所以自然也就在某种程度上保留了他们凯尔特人的原始性格。高更是在冬天抵达蓬塔旺的，相比前两年他来到这里时的情况，冬天恶劣的天气无疑更能让他体会到当地地形的险恶。

当时，绘画季还未开始，所以高更暂时摆脱了那些让人分心的因素，开始了作为一个画家的探索之路。在他1888年的早期作品之一
49 《调整木底鞋的布列塔尼男孩》（*Hiver, ou petit Breton arrangeant son sabot*）中，高更继续沿用了印象派的松散画法，加重了色彩，并结合了德加式人体画的技法。这幅画的垂直构图忠诚地传达了蓬塔旺山谷中树木丛生那种狭窄又私密的感觉，透过常年光秃秃的树木，还能

隐约看见教堂和城镇，而这个穿着木底鞋的男孩的动作则是“布列塔
50 尼”的标志，与芭蕾舞背景相呼应。《采花的布列塔尼的女人》（*Les Premières fleurs, les Bretonnes aux Avins*）是一幅异常明艳而精致的春景画，体现了高更一贯以来模棱两可的风格；虽然画中的垂直小点在笔法上不够学术化，但似乎在某种程度上也受到了点彩主义的启发。高更还没有达到他自己所说的那种有力的、纯朴的境界。讽刺的是，这幅特别的油画在巴黎很受欢迎，那一年的稍晚些时候，还有传
51 言说德加买下了这幅画。高更在1888年6月创作的《布列塔尼小女孩的圆舞》（*La Ronde des petites Bretonnes*）的灵感来自传统的割晒干草庆祝活动，他觉得自己在这幅作品中表现了更接近布列塔尼人的本质特征。其中的一些舞蹈动作显然让人联想到了督伊德教的节日，我们可以感觉到，高更在这时已经开始适应布列塔尼生活中古老的一面，而这一面长期以来一直是诗人和画家心中对布列塔尼的浪漫缩影。毫无疑问，《布列塔尼小女孩的圆舞》的主题虽然有些感伤和老套，但又透着一股离奇有趣，很容易被市场所接受，吸引了各方人士的注意，最终以500法郎的价格卖给了提奥·凡·高的一位客户。

直到7月，当一群来自巴黎、认为高更是个疯子的“平庸之辈”再次入侵蓬塔旺时，高更深深庆幸自己在绘画中找到了一种真正的原创和独立风格，超越了他以前取得的所有成就。在对一群洗澡的男孩进行一系列研究后，他声称，他现在画的裸体“一点也没有德加
52 的风格”了。他最新的一幅作品《搏斗中的孩童》（*Lutte Bretona / Enfants luttant*）画的是在河边打架的两个男孩，两个男孩无疑是在为宗教赦免仪式后举行的传统摔跤比赛做准备。他向舒芬尼克尔解释说，虽然他的研究对象是布列塔尼人，但他画画的处理方式“绝对是秘鲁野蛮人的日本风格”。他在同一时期寄给文森特·凡·高的一封信中附上了这幅作品的草图。

这些信件清楚地表明，高更之所以在隔绝的环境下创作，并不是因为蓬塔旺只有一群陌生人，也不是因为他忘记了自己的艺术血统。当时，日本风格是巴黎的年轻艺术家们的一个热门话题。那年冬天，文森特·凡·高在蒙马特组织了一场画展，展示他本人收集的大量日本版画，在他给高更的回信中也充斥着和日本版画家有关的内容。高更在信中对德加的提及，表明他意识到年长的印象派画家仍然是一种让他

49《调整木底鞋的布列塔尼男孩》，1888年

望其项背的存在，有时也让他有沉重的压迫感。事实上，在离开巴黎
36 前不久，高更可能在古皮画廊看到自己的画作《两个沐浴的女人》挂
在了德加最近画的关于浴缸里的女人的彩色粉笔画旁。这两幅画中体现

50 上图《采花的布列塔尼的女人》，1888年

51 下图《布列塔尼小女孩的圆舞》，1888年

的当代乡村和城市两种风格对裸体的诠释形成了有趣的对比。高更在他
54 的速写本上临摹了一系列德加的彩色粉笔画，并在自己后来的作品中重复沿用了其中一些大胆而笨拙的姿势。在高更从布列塔尼寄出的信中，我们也可以间接看出他对自己在巴黎的地位十分关注。当然，他也十分关注菲力克斯·费内翁的著作，费内翁现在已经是《艺评杂志》（*La Revue Indépendante*）月刊的一个常驻艺术记者。费内翁在2月的期刊中详细地谈论了《两个沐浴的女人》和德加的几幅裸体画。早些时候，他曾称赞过高更的陶艺十分稀罕，但同时也指出了高更的一个缺点：费内翁曾用“Grièche”一词描述高更，这是一个晦涩的词，可以粗略地翻译为“令人头疼的”或“令人不快的”，这让高更在巴黎艺术界的尴尬名声在公众间世代流传。那一年，他非但没有对被忽视或者别人对他的人格蔑视无动于衷，还在几封信中多次提到了这件事。重要

52《搏斗中的孩童》，
1888年

的一点是，从这一天开始，高更塑造起了自己"秘鲁野蛮人"的形象，这在某种程度上承认并开解了他本人不够绅士的名声。

尽管费内翁对高更的个性颇有微词，但他是首个一直关注着高更的艺术评论家。1888年5月，他评论高更是时候举办个人画展了，他认为，这将极大地揭示出高更是一个多么"强大而孤独的艺术家"。费内翁的支持一定大大提升了高更的信心。这也不算是一个毫无意义的提议。《艺评杂志》办公室里有一个小展厅，1888年，这里举办了许多展览，从莫奈，紧跟潮流的艾伯特·贝斯那（Albert Besnard），到吉约曼、毕沙罗、修拉、西涅克、马克西米利安·卢斯（Maximilien Luce）和杜布瓦-皮列（Dubois-Pillet）这几个新印象派画家，都在这里展出过作品。果不其然，1888年11月，舒芬尼克尔的一份画展申请被拒绝了，而高更则受邀参加第一次巴黎个人画展，这无疑是费内翁的授意。但高更拒绝了这次邀请，部分是出于对舒芬尼克尔的忠心，更多则是因为他本人高傲、好斗和无情的天性，但更重要的是，《艺评杂志》的编辑委员会完全对他持敌对态度，因此高更不想让人看到他向敌人妥协。他的拒绝信表面上谦逊自嘲，但实际上却充满了讽刺之意。"在过去的3年里，我觉得作为一名艺术家，我的能力远远跟不上印象派画家那种紧跟时代潮流的进步，虽然这种进步也被新印象派迅速取代了，我决定独自创作，远离所有团体宣传活动。我对热带地区的研究还称不上是对大自然的准确记录，我相信《艺评杂志》对我的热带画作所缺乏的明晰度和亮度也帮不上什么忙……"尽管他自称对批评意见漠不关心，对学者们的观点不屑一顾，但这封回绝信正揭示了高更对自己受到的批评有多敏感；同样敏感的塞尚选择了默默忍受，而高更则忍不住落入了这些评论家的圈套。

在高更收到邀请时，他其实已经接受了另一个展出邀请，即当时欣欣向荣的比利时独立艺术组织二十人社（Les Vingt）于1889年2月举办的画展。高更打算公开与他们那里的"小点彩派"较量，他知道自己的作品会在人前展出，并与修拉的最新作品进行比较。虽然高更声称拒绝进行所有团体宣传，但很明显，高更一直对巴黎前卫艺术的最新动向了如指掌。尽管从1888年初开始，高更给提奥·凡·高和文森特的信中最初都是关于实际问题和商业事务的内容，但在接下来的几个月里，信件中显示出，高更越来越需要有人倾听、体谅他的内心，

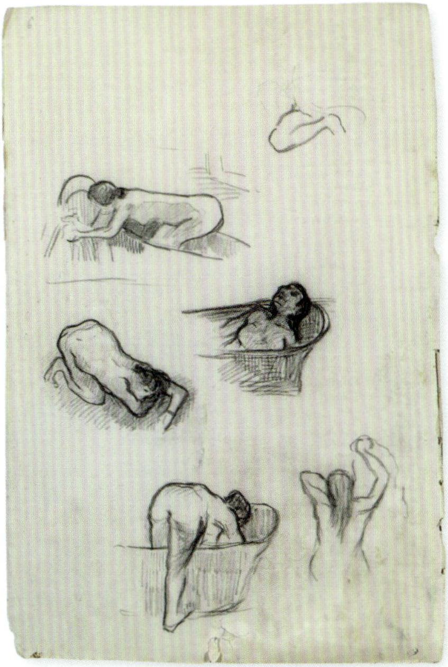

53左图 埃德加·德加，《调整舞鞋的舞者》（*Danseuse ajustant son soulier*），1880年
54右图 一张仿德加的素描，1888—1889年

并更加凸显出他刻意塑造的艺术形象。他想让他们怜悯他，认为他是一个才华横溢但饱受诽谤和痛苦的天才，他们的鼓励、帮他售卖的画作和对他的支持就是他的救命稻草。为了提供高更所需要的这种支持，同时也能陪在哥哥文森特身边，提奥想出了一个办法，他想说服高更离开蓬塔旺，和文森特一起住在阿尔勒，共用一个工作室和一份生活费。这是一场微妙的谈判。文森特对这个计划感到很兴奋，但也很紧张；高更表面上表现出自己绝非不情愿的样子，但整个夏天，他都在推诿搪塞，以贫穷和债务为借口留在蓬塔旺。他还提出了其他能让他们这样入不敷出的艺术家有钱可赚的办法，比如艺术家和画商合作的形式，他自己充当管理者，提奥则是画商。他把主角的位置留给了自己，他自信地认为，虽然他的作品一直卖不出去，但是提奥·凡·高对他经济上的承诺充分表明了这位画商对他的作品的高度评价和信任。

鉴于文森特打算对他正在创作的作品做一次详细的文学评论，高更也开始报恩了。他不仅解释了他的一般艺术原理（例如，他赞同文森特的观点，即精确性在艺术中并不重要，艺术本质上是对自然的“抽象”，必须经过思考，然后加以简化），同时，在他的职业生涯中，他第一次分析了自己认为更重要的正在创作的画作。这种用文字描述作品的技巧、风格和潜在意义的行为，可以说是对高更朝更自觉的文

55 路易斯·安克坦，《晚上五点的克里希大街》(*Avenue de Clichy, cinq heures du soir*)，1887年

学艺术方向发展的一种鼓励：简言之，这种做法把高更推向了象征主义。1888年夏天，高更与文森特·凡·高的通信是让高更意识到自己是临摹主义者兼象征主义者的重要一环。那年夏天，还有另一个可能更为重要的催化剂，促使高更认识到自己真正的艺术方向。埃米尔·贝尔纳是一个才华横溢、热情奔放的年轻人，他曾是科尔蒙工作室的凡·高和安克坦的学生，在文森特的建议下来到了蓬塔旺寻找高更。他们两年前就曾见过面，但没有什么意见交流。这一次，贝尔纳对高更有了更深的了解，以仰慕者的姿态去结识他。高更对贝尔纳从圣布里亚克带来的作品印象深刻，这些作品是以布列塔尼为主题的高度简化版原始绘画，灵感来自彩色玻璃织品和流行的木版画《艾皮纳尔画像》（*Images d'Epinal*）。相比高更，贝尔纳缺乏经验，也缺乏自制力，尽管他在简化和讽刺绘画方面尝试沿着与高更相似的路线进行，却显得更加大胆。一年左右的时间里，贝尔纳与路易斯·安克坦合作，画过肖像画、静物画和城市街景，画中用粗黑的线条隔开粗犷、扁平、条纹的彩色区域。1888年5月，爱德华·迪雅尔丹（Edouard Dujardin）在《艺谈杂志》上对一系列这种风格的作品进行了评论，他把这种风格称为“景泰蓝技术”，因为这种风格与珐琅工艺中，用金属隔板或景泰蓝将色彩鲜艳的珐琅的各个区域分开的手法十分相似。如我们所见，高更已经在他的陶艺作品中应用过类似的技术，并在他最近的画作中尝试了扁平彩色区域的手法。贝尔纳的先例似乎让他相信，景泰蓝在绘画中也有一些装饰性上的优势，尤其是它能使封闭区域内的颜色更加鲜艳。但在高更的画作中，景泰蓝从未占过主导地位。

更重要的是，贝尔纳虽然有点任性，但他是个虔诚的基督徒，还有他那貌美且同样虔诚的妹妹玛德莱娜（Madeleine），他们的到来似乎唤醒了布列塔尼教堂、基督受难像和彩色玻璃给予高更的艺术灵感，让他有了将布列塔尼虔诚的信仰作为绘画主题的潜力，以此抗衡他所蔑视的“巴黎主义”。越来越多的人好奇这种宗教赦免仪式，这甚至成为一种旅游风向。与此同时，研究布列塔尼生活的学者开始观察到，布列塔尼正在不可逆转地向现代化发展，趋同于罗马正统文化。在朱尔斯·布雷顿（Jules Breton）、阿方斯·列勒瑟斯（Alphonse Leleux）
28 和达仰-布弗雷等艺术家的手中，布列塔尼的宗教节日已经是一个热门的艺术主题。当贝尔纳和高更创作出他们粗糙的、甚至讽刺性的画作，以及在祈祷的布列塔尼妇女抑或是那个夏天的田野中的画作时，某种程度上是在讽刺画廊艺术家真把幻想现实主义当回事。

57 1888年9月，贝尔纳画出了一幅著名的油画——《草地上的布列塔尼妇女》(*Les Bretonnes dans la prairie / Pardon à Pont-Aven*)，这幅画中的人物比他之前创作的任何一幅画中的人物都更为大胆、复杂。这幅画的灵感来自9月份在蓬塔旺举行的年度赦免仪式。不久之后，可能是同样的赦免仪式带来的灵感，高更同样创作了一幅形式大胆但
58 更具有文学复杂性的作品，名为《听道后的印象（雅各与天使摔跤）》(*La Vision du Sermon. La lutte de Jacob avec l'Ange*)。

关于这两幅画之间关系的争议四起，但人们似乎都忘了一个事实，那就是这两幅画是两位画家持续近两个月的互利合作关系产生的成果。高更和贝尔纳之间的合作联系在某种程度上受到了夏尔·赖伐尔的支持，也受到了最初介绍这两人相识的文森特·凡·高的密切关注。高更和贝尔纳的信中体现出了他们的合作尝试和讨论给他们带来的艺术活力和兴奋感，高更在信中称贝尔纳为“小贝尔纳”，而贝尔纳则把高更称为“老师”。在信中，高更斥责舒芬尼克尔胆小保守，而小贝尔纳则正相反，“什么都不怕”；如果是舒芬尼克尔来到了蓬塔旺，在他与高更的激烈讨论中，兴许也能找到一个让他们同仇敌忾的人。正如高更所说，他们将“折磨印象派至死”。高更还说，他们三人就像“三个工匠”，他指的要么是石匠，要么是裁缝，大概是指他们的绘画技法很粗糙，或者是指他们的构图就像是把扁平的彩色形状拼凑在一起。

52 如同《搏斗中的孩童》中一样，《听道后的印象》中也使用了与日本相似的艺术手法，构图不对称，对角线状的树干将画面空间的上下两部分分开。据推测，《圣经》中的摔跤手是由牧师的布道在祈祷的妇女的脑海中唤起的场景。高更效仿了日本的画作，很可能来自葛饰北斋著名漫画作品中摔跤手的插图。高更计划将画作捐赠给当地的教堂，因为画作的颜色和简约的形状与教堂的石柱和彩色玻璃十分相称，兴许也能将这幅画作的装饰性发挥到极致。然而，接见他的两位当地牧师拒绝了这份赠礼，对此他并不感到惊讶，我们也同样无须惊讶。高更从未表现得像是一名忠实的信徒，何况这幅画除了超常规又粗制滥造的外观，很大程度上是一名对宗教持怀疑态度的旁观者向一群崇拜者投射想法的产物，比如“天真的乡村迷信”，而不是一种正

56《玛德莱娜·贝尔纳》(*Madeleine Bernard*), 1888年

统的虔诚情感的表达。虽然高更描述了他与蓬塔旺居民的社交焦虑，以及需要还清商人债务的焦虑，但没有证据表明当地人接受或理解了他，也没有证据表明他成功地打破了当地人对外地人天生的不信任。

从19世纪90年代开始，贝尔纳宣称，从《听道后的印象》的创作开始，高更彻底改变了他的作画风格，超越了所有人的认知，以回

57 埃米尔·贝尔纳，《草地上的布列塔尼妇女》，1888年

应自己的大胆形象；后来，他指责高更自私自利，背离了原创者的初衷，只为了创作他那革命性的临摹性风格。不可否认的是，高更被公认为新先锋运动的领袖，而非贝尔纳，我们也难以判定贝尔纳的主张是否公正，因为争议双方的个性都敏感易怒，喜欢在自己的著作中歪曲事实，只为符合自己的利益。当然，无论贝尔纳的指责是对是错，他都不是唯一一个因高更傲慢的做法而与之发生冲突，或指责他剽窃的艺术家。

57 高更说服贝尔纳放弃用《草地上的布列塔尼妇女》换取他的一幅作品，还把它送到阿尔勒供凡·高临摹，高更显然对贝尔纳的作品有些放肆，至少这种做法代表高更承认贝尔纳的作品对他是有可以借鉴之处的。但是，当高更在一篇未发表的文章中为自己辩护，反驳贝尔纳的指责时，在与贝尔纳1888年之后飘忽不定的发展风格对比之下，他确实可以说是无愧于自己作为艺术家自始至终一致的风格了。

58《听道后的印象（雅各与天使摔跤）》，1888年

在10月底接受凡·高的邀请前往阿尔勒之前，高更给文森特寄了一幅自画像。文森特请求他在蓬塔旺的朋友们互相画肖像，然后寄给他，但高更、贝尔纳和赖伐尔都发现自己画自己更容易。这个请求似乎引起了高更的兴趣，让他画出了自1885年以来创作的第一幅自画像。在接下来的一两年里，他一次又一次地以自己的形象作为灵感来源以及象征化的主题。在给文森特的信中，他解释了这幅画的含义，此时他察觉到了这幅画潜在的思想超越了作品本身。与此同时，高更默许了这一点：如果没有能够引发同理心的作品注释，象征意义可能形同虚设（随着20世纪艺术家的概念越来越抽象，这一点日益严重）。
59 高更在他的《自画像》（*Les Misérables*）中题了词，把自己与维克多·雨果（Victor Hugo）小说中那个被追捕的受害英雄冉·阿让（Jean Valjean）联系在一起，并解释说这是印象派艺术家在当时社会困境下的象征方式。这幅画中的每一个元素都蕴含着特定的含义：例如，肉体的强烈色彩代表着高温的陶工窑，意味着富有创造力的火焰；黄色的花卉背景，如同小女孩卧室里的墙纸，象征着印象派画家未被学院派玷污的纯粹……这些复杂的元素并不完全符合文森特·凡·高的喜好，但他对画中高更想要传达的信息要旨却也清晰地理解到位了。凡·高兄弟急忙向他保证，经过他们的斡旋，高更将能在阿尔勒得到悉心照料和培养，恢复身体健康。

文森特对高更来阿尔勒一事期待已久，十分兴奋紧张。长期以来，他一直梦想着建立一个艺术兄弟会，非常希望高更能找到他喜欢的黄房子。他为高更预备了共同生活的必需品，还用他自己最近的油画作品将高更的房间装饰了一番。

这次高更打算在这里待6个月，所以毫不犹豫地安顿了下来，立即

59《自画像》，1888年

着手重新整理厨房，订购了一个新柜子来存放他们的物品，还买了一大卷用来画画的麻布。他觉得自己管理起家居事务来比文森特更有效率，为此感到自豪，还把他在海上的生活作为天生独立自理的证据。种种迹象都表明他享受着这种不用付钱的乐趣。不过，这两位艺术家都渴望着向为他们买单的提奥表现这种新生活对他们的生产力有利无害。

事实上，这确实是一段对二人来说都十分高产的时期。正如文森特担心的那样，高更对阿尔勒周围的景观提不起兴趣。卡马格公寓平坦单调，没有树木，没有他喜欢的那种布列塔尼的亲近感、多样性和清晰度。他对宏伟的罗马遗迹也同样不感兴趣。不过，他最近创作的布列塔尼作品自然而然地引发了他对当地女性的兴趣，随即将注意力转移至此。阿尔勒女性以她们的品格、美丽和高贵的举止闻名法国，这在一定程度上要归功于乔治·比才（George Bizet）为阿方斯·都德（Alphonse Daudet）的戏剧谱写的流行音乐。高更发现，与有着仿佛包过浆的圆润滑稽发型、让人不禁联想到中世纪的布列塔尼女性截然不同的是，阿尔勒的女性更精致，更容易让人联想到古希腊少女的黑色褶皱披肩和优雅发型，同时也蕴藏着一种美丽的“现代风格”。很
64 难说清他这么形容到底是什么意思。线条强烈简约的肖像画《阿尔勒
63 的妇女》(*L'Arlésienne. Mme Ginoux*）是他的油画《阿尔勒的夜间咖
啡馆》(*Café de nuit à Arles*）的预备研究草图，在这幅画中，高更一气呵成地处理了一个现代流派的主题，甚至处理了包括像汽水吸管和卷发器这样平凡的细节（凡·高在相同的位置上画过这个模特儿，但他本人更喜欢高更的作品，后来又临摹了这幅画）。

尽管高更对这一主题的采纳可能是为了表明他对文森特早期处理
62 同一主题的担忧，就像他在阿尔勒创作的几幅作品一样，但他似乎认
为自己的《阿尔勒的夜间咖啡馆》是一种错误的背离。画完这幅画
61 后，他转而画了一幅收获葡萄的场景——《阿尔勒的葡萄收获季节，
人类的苦难》(*Vendanges à Arles. Misères humaines*)，部分根据他的记忆画出，没有考虑太多。“这太不准确了。”他开玩笑似的给贝尔纳写信，说到他画中的布列塔尼人。这次创作可能是他第一次直接在粗麻布上作画，而非帆布。在向提奥·凡·高描述这幅画时，他暗示这幅画完全是男性视角，可能会让未来的买家们大吃一惊。这点提示揭示了两性的悲剧本质深深折磨着画面中心坐着的人物，而来自勒普尔迪

的戴着传统的黑色哀悼头巾的女性则注视着她，并指出了她衣衫不整、
头饰不齐的原因。在高更看来，这是他1888年最成功的画作。直到后
58 来，评论家们才开始重视《听道后的印象》。高更在后来的作品中反
60 复使用了这个驼背、沉思的人物形象，通常有着性侵犯的含义，或者
更具体地说，意味着夏娃的堕落。

在后来对他与凡·高一起创作的记述中，高更声称是他纠正了
凡·高对新印象派色彩互补技法杂乱无章的尝试，这让他感受到了不完
整和单调色彩中的和谐，在更多的色彩冲突中寻找共鸣，鼓励他随心
而动，把色彩鲜明的单调区域并列画在一起。他还说服凡·高跟随他
的脚步，根据早期的草图和记忆进行创作，远离固化的主题。凡·高
68 在高更入住之前就开始创作一系列向日葵的画作，用来装饰他的卧室，
这些画就是在夏天花季时直接参照花开的景色创作的，就像高更的那
幅肖像画一样，实地取材。而凡·高后期的部分向日葵画作显然是根据
记忆创作的，带有一些抽象主题。也许，在这个系列中，凡·高受到
了高更的影响，大胆地简化了他的色彩方案，几乎直接将其简化为单
一的黄色，确实比高更在简化上的挑战上更大胆。然而，文森特并非
高更后来所描述的那种顺从的学生，也不会因为高更的说辞动摇他极
为坚定的信念。在9月初的往来信件中，他们基本确立了自己对待主
题选择的不同态度。凡·高永远在寻找诗歌主题，而高更相信可以在任
何主题中找到诗歌，只是依赖于对形式和色彩的表现手法。这种本质
上的自然主义和形式主义的方法是他作为印象派的遗留思想，但无法
66 再严格准确地描述他最近的艺术选题。高更的画作《阿尔勒女子（密
史脱拉风）》（*Arlésiennes au jardin public, mistral*）展示了他丰富的想
67 象力以及对想象的巧妙运用，凡·高也在他的公共花园题材画作《埃
滕花园的记忆》（*Memory of the Garden at Etten*）中尝试了这种手法。
在这幅画中，他描绘了他那远在家乡埃滕的母亲和妹妹在记忆中的印
象。但文森特很快就停止了这种创作方式，因为他发现自己的性格并
不适合这种方式。

60下一页上图《佛尔比尼系列：人类的苦难》（*Volpini Suite: Misères humaines*），1889年

61下一页下图《阿尔勒的葡萄收获季节，人类的苦难》，1888年

62上图 文森特·凡·高，《夜间咖啡馆》（*Le café de nuit*），1888年

63下图《阿尔勒的夜间咖啡馆》，1888年

64《阿尔勒的妇女》，1888年

1888年12月，高更乘火车去蒙彼利埃参观法布尔博物馆后不久，就给贝尔纳写了一封信。在信中，高更透露了他和凡·高在最钦佩的艺术家这个问题上的巨大分歧。凡·高偏爱浪漫主义和现实主义画家——杜米埃、夏尔-弗朗索瓦·杜比尼（Charles-François Daubigny）、菲力克斯·泽姆（Felix Ziem）和泰奥多尔·卢梭（Théodore Rousseau），“都是我毫无感觉的人”，高更写道。但凡·高讨厌的安格尔、拉斐尔（Raffaello）和德加都是高更很欣赏的人。与文森特的这些讨论虽然让高更倍感心累，但对他理清自己现在真正忠于的风格有很大帮助。他所欣赏的艺术家，都属于古典传统派，他们冷静、深思熟虑，画作富有力量，他们会有意识地去避免处理颜料时光滑或粗糙的偶然性效果。另一方面，凡·高更喜欢那些通过有力的笔法和色彩来表达情感的艺术家。值得一提的是，高更忽略了德拉克洛瓦，也许他觉得，如果他们承认了对这位伟大的浪漫主义者的钦佩，他正在构建的论点就会崩塌。事实上，在之前的蒙彼利埃之行中，高更就曾临摹过德拉克洛瓦那幅令人印象深刻的肖像画《阿琳·穆拉翠丝》（*Aline la mulatresse*）。

65上图《佛尔比尼系列：老姑娘（阿尔勒）》（*Volpini Suite: Les vieilles filles (Arles)*），1889年

66下图《阿尔勒女子（密史脱拉风）》，1888年

67下一页上图 文森特·凡·高，《埃滕花园的记忆》，1888年

68下一页下图《画向日葵的文森特·凡·高》（*Van Gogh peignant des soleils*），1888年

69, 71 无论高更在阿尔勒绘制的主题油画《在干草中》(*Dans les foins*)是参考了德拉克洛瓦的《撒尔达那帕勒之死》(*Sardanapalus*)中的人物，还是致敬了德加的另一幅画，这幅以幻想为基础的情色主题裸体
70 画都代表着高更截然不同的绘画题材，标志着高更的新起点。《在波浪中》(*Ondine/Dans les vagues*)的画面中的女人，从背后看仿佛一个被遗弃的裸女的幻想形象，再次让人联想到德加和德拉克洛瓦画中扭曲的裸体，似乎也是高更在阿尔勒创作的。虽然画作的日期是1889年，但
72 它似乎已经在于阿尔勒创作的自画像的背景中出现过。这幅自画像就画

69上一页上图《在干草中》，1888年

70上一页下图《在波浪中》，1889年（图72背景中的画作与此画的细节正相反）

71本页图 欧根·德拉克洛瓦，《撒尔达那帕勒之死》，1844年

72《自画像》(*Autoportrait*)，1888—1889年 （对比图70）

在高更于当地购买的粗麻布上，凡·高在一封信中提到过这幅画。这是
高更在阿尔勒创作的最后几幅作品之一，也许是想用它来陪衬和对比他
68 的肖像画《画向日葵的文森特·凡·高》。在自画像中加入最近临摹的
作品形象是高更自画像的一种形式，他后来多次重复采用过这种形式。

在把最近创作的5幅油画寄给提奥之后，高更从巴黎得到消息，61 说德加已经看过这些作品，虽然德加无法琢磨透《阿尔勒的葡萄收获季节，人类的苦难》，但依然对它们感到十分钦佩。提奥似乎还提及了德加好像对高更和凡·高之间建立起来的那种积极合作关系感到嫉妒，与他心中的无力感截然不同。然而，这段合作关系并没有持续多久。1888年底，两位艺术家开始意识到，这样充满活力的合作氛围是不可能无忧无虑地永远持续下去的；12月23日，在一次酒后争吵之后，文森特情绪激动地拿着剃刀冲向高更。幸而高更得以逃脱，但他在第二天早上发现，文森特出于悔恨，用刀割下了自己的一部分耳朵。在确定他的朋友没有生命危险之后，高更离开了，匆匆结束了他在普罗旺斯大约4个月的生活，回到了巴黎。

虽然与凡·高的尝试性合作最终以惨剧结尾，但动刀子的血腥记忆消退后，这两位艺术家永远不会认为这是他们职业生涯中被浪费的一段消极时光。在这段时间里，高更创作了各种各样的画作，大部分都是高水准的名作。此外，他和凡·高的谈话曾经触及众多重要话题。他们一起从艺术史的角度审视了各自的立场；高更对于热带地区的观点激发了文森特的热情，重返热带的计划看起来似乎更加合理切实，值得他们着手为之付出努力。在1889年春天回到布列塔尼后，高更发现，现在他可以把布列塔尼和南方进行对比了，他对布列塔尼的特色有了新的理解和追求。1889年，他以和凡·高在阿尔勒谈话中获得的灵感完成了许多作品。

第4章

象征派领袖（1889—1891年）

高更再次寄住在巴黎的舒芬尼克尔家，他不失时机地恢复了去年
冬天暂停的工作，重新建立起与艺术界及社会的联系。就在到达巴
黎后的两天，他参加了臭名昭著的杀人犯普拉多（Prado）的公开处
决——他后来在自传中回忆了这段经历。虽然当时在巴黎参加处决时
并没有什么特殊之感，但鉴于高更最近刚与死亡擦身而过，这份经历
一定唤起了他特别的共鸣。1889年，他在沙普莱的新工作室里创作的
74 古怪陶艺品《肖像水壶》(*Vase Autoportrait*) 与这份共鸣必然有着千
丝万缕的联系，肖像人物紧闭着眼睛，血染的火焰色在被他切断的脖
子上凝结。在这里，高更再次表现了一种艺术家作为社会底层民众和
受害者的形象。

趁着德加最近对高更表现出的兴趣和支持，他抓紧这个机会到德
加的工作室拜访了这位老艺术家。就是这样的拜访，让德加对他1889
年早期的画作产生了影响。在德加的工作室里，高更很可能见过德加
临摹的汉斯·荷尔拜因（Hans Holbein）的《克里维斯的安妮》(*Anne
of Cleves*)。高更有可能参照这幅画创作了以蓬塔旺的旅店老板妻子为
77 原型的画作——《美丽的安热勒》(*La Belle Angèle*)。他也可能接触
过德加最近画的裸体画，这也与他当时对裸体主题的关注相契合。例
73 如，在一幅从高更于阿尔勒创作的画中延伸出来的重要画作《沐浴
的女人（生命和死亡）》(*Femmes se baignant. La vie et la mort*) 中，
右侧的人物似乎与德加画的女浴者有一些相似之处。不过，左侧象
征死神的人物形象的来源则与此大相径庭［韦恩·安德森（Wayne
Anderson）是第一个指出这一点的人］：这证明高更开始走出卢浮宫

73《沐浴的女人（生命和死亡）》，1889年

和美术馆的局限，探索巴黎鲜为人知的角落，尤其开始关注那些新形成的民俗、“原始”的民族收藏，其中许多都是经由最近的考古和殖
75 民征集而来。托卡德罗宫的民族博物馆中曾展出过一具秘鲁木乃伊，这具木乃伊几乎呈胎儿的姿势，让人有些毛骨悚然，这正是高更画中死神形象的灵感来源。他很快就意识到，自己借鉴的如此不寻常的形象并非欧洲风格，与德加教授给他的东西互相矛盾。他在1889年夏天给舒芬尼克尔的信中提到自己对德加的自然主义越来越忧心，他觉得德加冷静的笔触有点“依样画葫芦”的味道，缺乏神秘感。高更故意给自己的裸体画作取了极具象征意义或饱含寓意的名字，试图以这种方式和德加的风格拉开距离。

裸体画是一种传统的讽喻形式，而肖像画则是一种流派，艺术家一般还是会让自己的肖像画形成有辨识度的相似风格，而非天马行空地作画。凡·高极大地引起了高更对肖像画的兴趣，对他来说，肖像

P Gauguin 89

74上一页左上图《肖像水壶》，1889年

75上一页右上图 安第斯山脉北部的秘鲁木乃伊，1100—1400年

76上一页下图《有日本版画的静物》(*Nature morte à l'estampe japonaise*)，1889年

77本页图《美丽的安热勒》，1889年

画无疑是最高贵的一个流派。但是，当他在1889年初转型去绘制舒
78 芬尼克尔一家的集体肖像时，无疑是德加的《贝列里一家》（*Bellelli family*）的构图给了他灵感，这也许是对他们慷慨款待的一种报答。他毫不犹豫地将自己的感情和价值注入这幅肖像画中，这一切的结果却是他与十分关照他的这一家人的疏远。他经常把舒芬尼克尔夫人萨特说成是泼妇，在画里，他把她描绘成了一个充满威胁性、仿佛张口就能吃人的形象，有着一只像爪子一样的手，体形庞大，更突出了画中舒芬尼克尔畏缩又谦逊的姿态。虽然我们无法得知舒芬尼克尔看到这幅画时是什么反应，但在他急于以一名严肃的画家身份成名的当时，估计是不太乐意看到他那可怜的家庭地位以这种方式呈现出来。这幅画在高更生前没有公开展出过。我们确实知道萨特夫人在看到高更用高度非写实的手法画下自己时的反应。萨特夫人在蓬塔旺当地也算个出名的美人，当她看到这幅牛头马面的肖像画时倍感受辱，把这幅画扔回了高更的脸上。这幅画后来一直未售出，直到1891年，德加以450法郎的价格买下。从此以后，高更尝试了更夸张的象征派肖像画，但受限于他的自我形象。

对高更来说，1889年是验证公众对他所取得的重要进展会有什么反应的重大年度。在过去的一年里，他与妻子关系紧张、很少联系，他知道，只有在公众面前取得成功，才能树立他在妻子心目中的地位。他的妻子仍然支配着他的思想，激励着他的野心。布鲁塞尔的二十人社展览上展出了高更最近的7幅作品，为了这次出展，他给其中几幅
58 画取了十分诗意的标题，比如《听道后的印象（雅各与天使摔跤）》
61 和《阿尔勒的葡萄收获季节，人类的苦难》。也许是高更对自然的“抽象”和他的非自然主义色彩把那些刚刚熟悉新印象派的评论家打了个措手不及，评论界的反应令他很失望。大多数人嘲笑了他主张的象征主义，尤其是《听道后的印象》受到了极大的嘲弄。然而，二十人社的秘书奥克塔夫·莫斯（Octave Maus）却在巴黎的*La Cravache*周刊上对高更“绘画的原始性”，以及他画中色彩和谐的魅力与精致表

78下一页上图《舒芬尼克尔一家》（*La Famille Schuffenecker*），1889年

79下一页下图《有黄色的基督的自画像》（*Autoportrait au Christ jaune*），1890—1891年

示了赞赏；莫斯很欣赏高更把印象派风景画画家抛诸脑后的做法，并把德加的欣赏看成是对公众无法理解高更的一种补偿。

自1886年以来，高更从未参加过巴黎的任何群展，这让他更加坚信自己需要再次出现在巴黎公众的眼中，最好是让自己的作品能与其他艺术家的作品并驾齐驱。尽管1889年股市低迷，巴黎仍在为有史以来最盛大的世界博览会的开幕进行狂热的准备，这次的展览也是5月至10月庆祝法国大革命100周年的商业狂欢中的一环。战神广场新建的埃菲尔铁塔下建起了一座巨大的美术宫，艺术展自然是这次展览中的重点，就设在法国技术成就展区的隔壁。但正如所料，只有官方认可的艺术家才能参加这次展览。这次的“10周年纪念展览”旨在让外国游客了解过去10年的法国艺术，画廊的名家们占据着主导锋芒，例如威廉·布格罗（William Bouguereau）、夏尔·卡罗吕斯-杜兰（Charles Carolus-Duran）、朱尔斯·巴斯蒂安-勒帕热（Juies Bastien-Lepaze）和达仰-布弗雷。一些最早期的印象派作品获得了这次“百年纪念”的参展机会，而莫奈、雷诺阿和毕沙罗的作品在满是法国历史画作的展厅中仅仅占据了一小块空间。修拉和他的新印象派成员们则将在9月的独立党年度展览上向人们展现他们的风采，届时游客涌入，观众必然不会少。

高更和舒芬尼克尔都把这次的世界博览会看作一个扬名的大好机会。如果他们的作品能在指定展地展出，那必然是一场轰轰烈烈的成功。他们说服了一家比较大的展览咖啡馆“艺术咖啡馆”的主管M.佛尔比尼（M. Volpini），让他同意把他们的画挂在咖啡馆的墙上，并最终借此达成了参展的心愿。提奥·凡·高并不赞成这个计划，他认为这种幕后的小动作十分低俗，还建议文森特不要参展。吉约曼也拒绝了参展邀请。最终，这次画展汇集了高更、贝尔纳、舒芬尼克尔、赖伐尔、安克坦和一些不知名的年轻画家［其中包括乔治·丹尼尔·德·蒙弗雷（George Daniel de Monfreid），舒芬尼克尔的朋友，是后来高更在塔希提时他身边的忠诚的记者和信息传递者］的100多幅作品。这个自称集“印象主义与综合主义”于一身的展览于6月10日开幕，将至少持续到9月；艺术家们为此制作了一份小型的手写目录。

高更和贝尔纳用比石头更便宜的锌来印刷设计大胆简约的布列塔尼画册，他们希望能通过出售这些石版画来赚点快钱。在这次的版画创作中，高更主要使用了他前两年创作的布列塔尼和马提尼克岛画作中的题材。他越来越喜欢带着隐晦和神秘暗示含义的作品，所以他在回顾这些题材时，还给一些图像加上了文学注释，就像他的一些画作一样，这些东西听起来有点矫揉造作，略显多余。如果没有注释，
81 《蝉和蚂蚁》(*Les Cigales et les fourmis*) 中的形象或许可以直接解读为对马提尼克岛日常生活的观察。而高更在这幅画的注释中引用了拉封丹寓言，为其增添了另一层文学意义，或者比这还要模棱两可：哪些是蝉？哪些是蚂蚁？除了《听道后的印象》以及一些新作品，比
83, 70 如《夏娃（不要听信谎言）》(*Eve. Pas écouter li li menteur*) 和《在波浪中》，高更亮出的画作大多已经在布鲁塞尔展出过。高更将后两
82 幅作品结合在一起创作了《在黑色的峭壁边》(*Aux Roches noires*)，作为目录的卷首插图。

正如高更向提奥·凡·高坦言的那样，他希望能在这次的展览中让老一辈的印象派画家和修拉知道，他现在是一名自由艺术家，即使没

80 佛尔比尼系列：《栅栏边的布列塔尼女人》(*Bretonnes à la barrière*)，1889年

81上图《蝉和蚂蚁》，1889年

82下图《在黑色的峭壁边》，佛尔比尼展目录的卷首插图，1889年

有他们的支持也有别人支持着他，并能够凭自己的能力赢得公众和评论家的关注。年轻的象征主义诗人艾伯特·奥里耶（Albert Aurier）就是支持高更的评论家之一，他是埃米尔·贝尔纳的朋友。1889年4月，奥里耶创办了一份基调轻松又风俗败坏的新周刊——《现代》（*Le Moderniste*），专为绅士们创办。这本出版物刊登了在艺术咖啡馆的佛尔比尼展中展出的一些作品，为贝尔纳和高更吸引了艺术评论家们的关注。结果，这本期刊寿命并不长，它在夏天发行的那几刊似乎就像是为新蓬塔旺综合主义敲响的战鼓，因此，它所追求的折中主义和公平公正听起来尤为空洞。其他评论家表示理解。《艺术评论》杂志（*Art et Critique*）的朱尔斯·安托万（Jules Antoine）指责这些展出作品"不入流"，压根难以分辨哪些属于印象派，哪些属于综合派。费内翁在*La Cravache*杂志中发表的评论则更沉重，他认为，在这次展览中，高更的表现就和修拉一样，是印象派的叛徒。费内翁认为，高更一直在以不同的方式朝着与修拉相似的目标努力，追求一种"预谋性综合主义"艺术。在一段评语中，高更最近的几幅油画被认为是他在绘画、雕塑和陶艺作品中一贯倾向的怀旧风和异国风情最突出的表现，他抄写下并珍藏了这篇评论的开篇段落，好像在武装自己，预防未来对他的攻击性言论。他不太乐意听到费内翁说安克坦可能会对他的风格造成一些影响（他和费内翁都认为安克坦是一个天赋低下的艺术家）。高更表示他不认识安克坦，虽然无法证明自己与他没有交集：贝尔纳充当了这两位艺术家之间的和事佬。费内翁观察到，贝尔纳和赖伐尔都需要摆脱高更的印记，他的作品都"太随心所欲，或者说至少对新手来说这种画法过于特殊了，不适合作为他们的起点"，可能就在这时，高更感觉到了费内翁的观点就像一把双刃剑。费内翁显然不认为高更具有像修拉那样能领导他人的潜力，或者有能力建立一种别人可以模仿的风格。

虽然在我们看来，在咖啡馆展出的画作风格不一、质量不一，但外界对它们的关注重点倒是不约而同地一致。对于这些画作古怪又随心所欲的个性风格，评论家们无论是持批评态度还是褒扬态度，都认为这是一些大胆、简单得像儿童漫画一样的作品，反错觉主义的用色手法十分单调。这些创新又刺激的作品吸引了一大批对当前艺术界心怀不满，内心反抗老师的陈词滥调却不知道要如何去接近艺术的"真

83《夏娃（不要听信谎言）》，1889年

相”的年轻艺术学生（他们唯一的梦想似乎就是借助摄影来完成错觉艺术）。独立艺术家们，比如南方的阿里斯蒂德·马约尔（Aristide Maillol）和荷兰的扬·韦卡德（Jan Verkade）看到佛尔比尼展时就燃起了梦想之火，不过这个画派最主要的潜在追随者当数朱利安美术学院的学生们，这些年轻艺术家受过良好的教育，其中最著名的就是保罗·塞吕西耶（Paul Sérusier）和莫里斯·丹尼斯（Maurice Denis）。

在一群志同道合的朋友的帮助下，这些学生当时已经在学校里组成了一个秘密艺术联盟，半开玩笑地称自己为“纳比派”，希伯来语里这个词就是“先知”的意思。参观了提奥·凡·高的画廊后，他们对高更最近的一些综合主义作品有了一定的熟悉度。1888年10月，塞吕西耶就曾在蓬塔旺收集过这样的原始题材。在新学期伊始回到巴黎时，
84 塞吕西耶带回了一幅在高更指导下完成的抽象风景画雏形《护身符》（*Le Talisman, le bois d'amour*）。高更把这次指导作为如何用纯色作画的一堂实践课，主张一种倾泻而出的不拘泥于场景细节或地方色彩的作画手法，塞吕西耶则紧随其后。在巴黎这样一个艺术保守主义的大本营传播“革命”的想法让高更大为振奋，作为一名政治家，他深知这样的艺术革命所拥有的优势。所以塞吕西耶在看完佛尔比尼展后写信告诉高更“我跟你是同一类人”，并告知高更他打算去布列塔尼加入他们时，他受到了无比热烈的欢迎。塞吕西耶和丹尼斯在接下来

84 保罗·塞吕西耶，《护身符》，1888年

的一年多时间里为支持高更所做的实际努力也得到了高更本人的赞赏与认可。比如，他们在1890年8月发表了一篇题为《新传统主义的定义》的文章，由两人共同倾心研究，并由丹尼斯执笔。

高更坚定地相信，艺术家就该站出来为自己辩护。1889年7月，他在《现代》杂志连续发表两篇文章，抒发了自己对世界博览会的看法。他抱怨展会上看不到现代设计，并指出铁这种新兴的建筑材料需要新的装饰方法去装点。他将中世纪的精妙设计和工艺与当今毫无生气的家具和雕塑进行了对比。他对材料真实性和本质的追求是他作为木雕艺术家和陶艺家的诉求，同时也展现出他的追求与当时欧洲范围内不断扩张的提倡传统艺术和工艺的运动相契合。在众多的塞夫勒陶器和其他展出的陶器中，他一眼就挑出了沙普莱和奥古斯特·德拉哈切（Auguste Delaherche）的杰作（为了避免本文读者不知道这两者之间的联系，奥里耶还附了一张纸条，要求对高更创作的杰出陶罐和雕像没出现在展览上的原因做个解释！）。高更对展览中展出的艺术品只字未提，仅仅指出少了莫奈的代表作的公共展览是一种耻辱。他还在这里参与了莫奈在这一年早些时候发起的一场当代运动，目的是让国家出资买下爱德华·马奈（Édouard Manet）的《奥林匹亚》(*Olympia*)，并将其收藏在专注于国家现代艺术收藏的卢森堡博物馆中。

对大多数人来说，世界博览会只是一种稍纵即逝的消遣，但对一些人来说，它则是一种永恒的思考。尽管卡米耶·毕沙罗画中的彩色喷泉和爪哇舞者十分吸引人，但潜在的法国意识形态，即法国的民族主义、唯物主义和帝国主义热情，还是深深排斥着这位艺术家。高更则是人群中的一个不那么挑剔的参观者。他经常去看野牛比尔的特技表演，这反映了他性格中豪放的男子气概，他对击剑和拳击的喜爱也体现了这一点。高更对当时的一些展览充满了好奇和热情，对来自马达加斯加、马提尼克岛、塔希提岛和东京（Tonkin，旧指越南北部大部分地区）等地的生活和文化津津乐道。

高更天真地忽略了这次博览会背后的利益所在，而毕沙罗则对此强烈批判，这恰恰反映了两位艺术家不同的政治观点。当然，保守派的政治关切依旧支配着展会的组织。展览要传达的信息不止针对最近被布朗热将军（General Boulanger）的专制主义所动摇的法国选民，也针对那些新迁来试住几个月、有意将巴黎作为定居地的广大民众。

85 1889年巴黎世界博览会照片

在这次大展结束时，E. 莫诺（E. Monod）自信地向他的读者们保证，民众已经领会了这层信息：“我们的当地居民消除了外地人眼中法国是一个富强国家的印象，他们承认法国的道德优越感，会越来越不愿意去与法国的权威性较量。”

尽管高更可能不赞同这些观点，但他也不在意，在这次世界博览会上，他的注意力完全被那些丰富多彩的土著服饰、住所和外来文物的壮观景象给吸引了，比如巨大的东方神佛像。他还遇到许多不同国
86 家的人，并且给其中一些人画了素描。在接下来的几个月里，他不断重复跟别人讲述在马达加斯加或塔希提生活是多么惬意，官方宣传中也是如此描述的。起初，他倾向于去东京实现他重返热带地区的计划。也许就如那些八卦记者猜测的一样，高更对见到的塔希提女性代表团感到失望，她们身上完全没有10年前皮埃尔·洛蒂（Pierre Loti）在他的小说《洛蒂的婚姻》（*Le Marriage de Loti*）中所描绘的那种令人赞不绝口的传奇式美丽。显然，负责挑选的官员更关心代表团的品德，

86左图《对世界博览会中盛装打扮的人们的研究（安南人和阿拉伯人）》（*Étude de personnages annanmites à l'Exposition Universelle*），1889年

87右图《黑皮肤的维纳斯》（*Vénus noire*），1889年

而非外表，可能并不存在两者兼具的塔希提人吧。就像那些八卦专栏作家一样，高更痴迷于热带田园牧歌之梦，这促成他笔下富有原始美的艺术形象，这是一种对欧洲毫无生气的女性形象的反驳。例如，名
87 为《黑皮肤的维纳斯》的雕塑很可能是高更于1889年5月制作的。黑人的妇女形象是高更特意设计的，以吸引观众的视线。他特别希望提奥·凡·高能在7月份世界博览会闭幕前展出这一作品。

因此，高更在6月份再次回到布列塔尼的时候，思绪也一直集中在热带地区。刚一到达，他就开始抱怨蓬塔旺变得有多拥挤、多破败。他决定搬到20千米以外一个更偏远的名叫勒普尔迪的小村庄，去年他曾在那里短暂工作过。勒普尔迪坐落在一个多岩石的半岛上，那里有很多散落分布的农场和海风吹拂的沙丘和沙滩。高更和经提奥·凡·高介绍认识的两个新学生保罗·塞吕西耶和荷兰富人迈耶·德汉（*Meijer de Haan*）一起住在了德泰酒店（Hotel Destais）。起初，塞吕西耶担

心高更只是一个艺术小丑，而非他正在寻找的正经哲学艺术家。塞吕西耶和德汉都有强烈的哲学倾向，高更在他为德汉所作的象征性肖像画《涅槃：迈耶·德汉的肖像》(*Nirvana*）中体现了这一点。毫无疑问，在他们的帮助下，高更学到了巴黎知识界最新流行的反实证主义思想。如果就像高更在另一幅画里画的那样，德汉确实读了约翰·弥尔顿（John Milton）和托马斯·卡莱尔（Thomas Carlyle）的书，那么塞吕西耶也确实读了埃德蒙·舒尔（Edmond Schure）关于世界宗教研究比较的《伟大的受启者》(*Les Grands Inities*)。在这本书中，基督教的地位合乎逻辑，但绝不比佛教和印度吠陀宗教更突出。从那时起，高更创作了许多更深奥的作品，暗示着他至少对这些深奥的象征主义有那么些认知。

88

在高更的指导下工作后，塞吕西耶很快克服了最初的不信任感，但却被一些更实际的问题所困扰：绘画是否要取材于大自然？艺术有多仰赖于观察，又有多仰赖于记忆力和想象力？人们能感觉到他迫不

88《涅槃：迈耶·德汉的肖像》，1889年

89《红牛》(*The Red Cow*)，1889年

及待地想摆脱抄袭的学术枷锁，但又对此十分紧张。而高更这位有能力和经验的艺术家深入观察他的艺术进步后认为：花一段时间与自然进行直接接触是齐心协力进入更深层的抽象主义的必要前奏。在阿尔

90《在布列塔尼》(*En Bretagne*),1889年

勒待过之后,高更更加被布列塔尼那严酷而原始的风景所吸引。他在10月份给文森特·凡·高的一封信中写道,这里农民的着装似乎在诉说着他们生活中的悲伤和对上帝的敬畏。高更经常和德汉或者塞吕西耶
89, 90 一起工作,对于能在这么近的地方直接描绘自然主义景观感到十分满足,并开始关注农业活动,这也许是文森特对他的影响的另一个标志。

画风景画或静物画的优点在于,画家可以专注于技术问题,对高更来说,能让他以最好的状态去实现他想要的那种色彩均匀、亚光、
61 质朴和原始的风格。比如在《阿尔勒的葡萄收获季节,人类的苦难》这样的作品中,他展示了如何用极其粗糙的画布来吸收大部分油腻的油画底色,只留下一层薄薄的不透明色彩。他还试验了一种新技术,

91《布列塔尼的丰收》(*Moisson en Bretagne*)，1889年

即用热熨斗熨烫湿报纸来粘贴，从而制作他想要的亚光糙面。这是一种从图片修复师那里学到的技术。

高更在后来描述过他一直为之努力的最终目标：“我注视着地平

线，我让伟大的大地母亲在我的作品中扮演重要角色，以此寻求一种
91 人类生活与动植物生活的和谐。”在诸如《布列塔尼的丰收》这样的作品中，和谐是通过内在的力量表现的，而非色彩或者笔法：线条流畅简化，通过反复的造型形成强烈的节奏（树木和浓密的绿色灌木在前景中与牛头的形状相呼应）；色彩的运用平淡而不突出。大型作品
94 《捡海藻的人》（*Ramasseuses de varech*）中也运用了同样的技巧，这也是高更在勒普尔迪创作的一幅作品。农民们经常在那里采集海藻作为肥料，到了19世纪，海藻也是碘的重要来源。高更和同时代的许多人一样，似乎被这种奇怪的收获方式所带来的忧郁景象所打动。

97 这些作品绝非对周围风景的自然主义摹写，《黄色的基督》（*Le Christ jaune*）代表着高更又一次受到虔诚的布列塔尼人的启发，有意识地开始创作更具想象力和艺术野心的系列作品。高更对蓬塔旺

92《布列塔尼的干草垛》（*Haystacks in Brittany*），1890年

93上图《蓬塔旺的牛》（*Rentrée des vaches à Pont-Aven*），约1889年

94下图《捡海藻的人》，1889年

95, 96 附近的特雷马洛圣母小堂里的一个木制的基督受难像进行了简单的描摹，作为这幅画的原型。整幅画贯穿了对原雕刻的综合派诠释。尽管画面中的黄色很可能是雕塑本身的黄色污渍带来的影响，但高更后来解释说，这种单调又不富变化感的黄色是为了表达他对布列塔尼人的孤独和宛如中世纪一般的生活的切身感受。高更显然在这幅画中使用了湿报纸粘贴的技术，我们在油漆表面还能看到相关痕迹，这也许是为了让颜料的光泽更黯淡，让刺眼的黄色显得更加沧桑。这幅画和后

100 来所作的《布列塔尼的基督受难像（绿色的基督）》(*Le Christ vert. Le Calvaire Breton*) 可以追溯到玛丽·克里辛斯卡（Marie Krysinska）于1889年6月在《独立评论》(*La Revue Indépendante*) 杂志上刊登的一首诗。这是由象征主义诗歌的先驱之一所作的一首自由诗。诗中描述了一个简陋的基督受难像，代表着基督的悲伤，诗人似乎通过象征性手法把荒地和身处其中的忏悔者与"金碧辉煌的天空"联系在了一起。

《布列塔尼的基督受难像（绿色的基督）》的创作灵感来源是蓬

98 塔旺附近一个名叫尼松的村子里的石雕圣像。对游客来说，布列塔尼的基督受难像是他们观光的必修课，但令人惊讶的是，在此之前，对

95 蓬塔旺附近特雷马洛圣母小堂里的基督受难像

P Gauguin 89

雕塑十分感兴趣的高更从未提到过这一点。他不想追随以扬·德阿让
99 （Yann D’Argent）的《奎林基督受难像，坎佩尔附近》（*Le Calvaire de Quillinen près de Quimper*）为代表的一众艺术家笔下的布列塔尼给人们的印象，而恰巧就是这一点局限了他的表达天赋。虽然这两幅画在当地的灵感来源和想传达的布列塔尼人的虔诚本质上是相同的，但德阿让的画的比例和构图更写实，高更则故意扭曲了各种元素，隐去了基督受难像的底座，让雕塑与画中的真人一般大小，并与景观融为一体。他没有在尼松村就近取景，而是用勒普尔迪的沙丘背景取而代之，使得画面表达出的悲伤情绪更富于戏剧性和表现力。

从1888年起，高更以雕塑和传统雕花家具的形式对当地的布列塔尼艺术进行了诠释，并也从中取得了众多成果。其中有一个传统布列

96上一页上图《黄色的基督》习作（*Study for Le Christ jaune*），1889年

97上一页下图《黄色的基督》，1889年

98本页左上图 《基督受难像下的宣誓》（*Deposition from the calvary at Nizon*），蓬塔旺附近

99本页右上图 扬·德阿让，《奎林基督受难像，坎佩尔附近》，1893年

100《布列塔尼的基督受难像（绿色的基督）》，1889年

103 塔尼风格的彩色的雕花橱柜是他和埃米尔·贝尔纳一起创作的，并结合
了他本人惯用的标志性鹅、马提尼克岛和布列塔尼的女性形象。1889
年秋天，在他第一次成功制作出黏土雕塑作品之后，他开始在从巴黎
的舒芬尼克尔那里订购的上等椴木板上创作他迄今为止最富有野心的
101 木雕作品——《坠入情网你就会快乐》（*Soyez amoureuses vous serez*
heureuses）。布列塔尼人有时会把刻有人物和铭文的木板作为传统箱
102 形底座的推拉门，虽然高更创作的模板雕刻似乎不是奔这种功能而去，
95 但它的部分灵感和意象很可能来自这种本土雕刻。确实，高更的《黄
色的基督》的灵感源泉——特雷马洛圣母小堂的房梁和门楣上都雕刻
着人物和动物的形象，而在高更的复杂设计中存在着一些与这些古怪
形象相似的细节。作品中，男性人物试图引诱左下方的裸女，并放大

101《坠入情网你就会快乐》，1889年

16?2. Un Lit Clos et un Berceau breton

展现了这位女性的婚戒，这也许可以看作高更的又一“自画像”。这如果是对高更个人经历的暗示，将是人们对他的大量臆测中从未出现过的关于他私生活的一面。尽管这件作品刻意保留了原始风格，但高更显然想在其中传达一种针对现代世俗的愤世嫉俗的情绪，这是对“坠入情网你就会快乐”这句空洞的箴言的讽刺与反思。《坠入情网你就会快乐》是高更在绘画的空余时间花了好几个星期雕刻而成的作品，显然是他心意满满的产物，这个女性形象的身体轮廓经过他精心的打磨、着色和抛光，凿痕十分细致鲜明。

102上一页上图 布列塔尼箱形底座

103上一页下图 保罗·高更和埃米尔·贝尔纳，名为《地上乐园》(*Earthly Paradise*)的彩色雕花橱柜，1888年

104本页图《橄榄园中的基督》，1889年

高更在这一雕刻作品和他的新宗教题材油画上投入了大量的时间和精力，当听到从巴黎传来关于他们的负面报道时，他显然感到非常沮丧。为了帮助提奥·凡·高理解这件作品，他对作品的含义进行了详尽的解释，但仍然是开放式的模棱两可的说明，他对人们想要中伤他的做法表现出了不耐烦："只有没有艺术性的作品才能堵住他们的嘴"。讽刺的是，两年后，评论家P.M.奥林（P. M. Olin）在布鲁塞尔的二十人社展上评论《坠入情网你就会快乐》时说这个作品的铭文注释对作品意义的定位过于精确了，他觉得这一点抹去了作品本身的暗示性意象，让它成了观众眼中的一个字谜或拼图，这也证明了高更的感受确实没错。

高更回想到自己的作品显然在1889年秋末的巴黎引起了人们的骚动
104 和无措，便暗自决定保留他那幅更容易遭到世人误解的作品——《橄榄园中的基督》(*Le Christ au Jardin des Olives*)，不过他还是给文森
106 特·凡·高寄了这幅画的草图和相关描述。人们认为高更描绘的基督是对神明的亵渎，对此议论颇多，因为很明显，尽管画中的基督有一头鲜艳的红头发，但脸部特征却是按高更自己画的；此外，当时的高更经常把自己遇到的种种试炼与基督的试炼相提并论。文森特对这幅作品感到十分头疼，强烈反对高更和贝尔纳的这种意象代换，他觉得，如果是他想要表达基督的悲悯，他就会画几棵橄榄树，画一些真正能看到的东西。

105 马克-安托万·维迪尔（Marc-Antoine Verdier），《基督荆棘加冕：阿尔弗雷德·布吕亚的肖像》(*Le Christ couronne d'epines. Portrait d'Alfred Bruyas*)，约1850年

verdâtres. Car malgré l'inscription les personnes ont l'air triste en contradiction avec le titre. Sur ce bois ciré il y a des reflets que donne la lumière sur les parties bosses qui donne de la richesse.
Je vais l'envoyer à Paris dans quelques jours. Peut être celui plaira plus que ma peinture. de Haan vous dit bien des choses.
Cordialement à vous
P. Gauguin
P.S. Je sais que vous fatiguez quand vous écrivez ainsi je ne demande pas de lettre (malgré tout le plaisir que j'ai à vous lire.)
Le service militaire de Bernard a été remis à un an pour (santé).
au Pouldu près Quimper (Finistère)

106 1889年11月高更写给文森特·凡·高的信，附有《坠入情网你就会快乐》和《橄榄园中的基督》的草图。

值得一提的是，高更和贝尔纳并不是唯一以自画像或自传的形式表现基督受难像的人。1886年，奥克塔夫·米尔博（Octave Mirbeau）出版了他的小说《加尔瓦略山》(*Le Calvaire*)，描写的是一个不忠的情妇带给作者的痛苦经历。贝尔纳和高更所熟知的1889年首次出版的艾伯特·奥里耶的诗歌《嫌疑人蒙塔格》(*La Montague du Doute*)中，诗人对自己的天赋才能半信半疑，将基督所背负的重担与自己的重担对等起来。欧内斯特·勒南（Ernest Renan）可能是造成这种意象代换的“罪魁祸首”，他1863年创作的《人之子》(*Vie de Jésus*) 给人们提供了一种用实证主义心理学的现代化方法来研究耶稣在世的既定事实的新视角，从凡人的角度形象地诠释了基督的苦难。贝尔纳在经历了1891年与高更的争吵后，谴责了这位“前任”伙伴对基督教的浅薄理解：“看看高更画的基督像，就好像基督是个活在世俗中的凡人……基督可不会把愚蠢的眼泪抹在他神圣的手上。这都是高更自己想出来的，也就是说，这一切都只是由他本人的自负和与勒南引起的，纯粹是对神明的亵渎。”

当高更开始创作这幅具有象征意义的自画像时，他可能不经意间开创了一个视觉先例。在他与文森特·凡·高一起参观蒙彼利埃时，这两位艺术家双双被阿尔佛雷德·布吕亚（Alfred Bruyas）藏品中众多著名当代艺术家的肖像画所震撼。布吕亚是一位颇有觉悟但有点自负的资助商，法国法布尔博物馆中的藏品大部分出自其手。其中有一幅
105 马克-安托万·维迪尔画的肖像画，《基督荆棘加冕：阿尔弗雷德·布吕亚的肖像》，用色和总体布局与高更十分相似。

在高更和他的朋友留在勒普尔迪的玛丽·亨利旅馆的门面和墙面
108 上的装饰画中，还有两幅高更的自画像。在其中一幅讽刺画中，他采用了完全平面的线性风格，就像一张扑克牌上的人脸，并把自己描绘
109 成了一个堕落天使。另一幅画叫作《高更先生，您好》(*Bonjour M. Gauguin*)，我们至少可以肯定的是，他暗暗致敬了库尔贝的《库尔贝先生，您好》(*Bonjour M. Courbet*)。原画代表了布吕亚对他的得意门生——以流浪的犹太人展现自己的库尔贝的风景画的欣赏。尽管库尔贝把艺术家和被抛弃的流浪者相提并论，但他还是在画中勇敢地流露出了对恩师的敬谢。反观高更，他的画中出现的偶遇的布列塔尼农妇，只会突出他孤立和疏离的形象。在所有这些画作中，高更似乎

107左图 勒普尔迪玛丽·亨利旅馆室内装饰画，高更和迈耶·德汉的作品

108右图《高更自画像》(*Portrait charge de Gauguin*)，1889年

都在费心传达一种抑郁和痛苦的主打情绪，带着一种厌世的犬儒主义；在给提奥·凡·高的一封长信中，他说，在他最近的作品中，他试图展现痛苦的概念，但并未解释是什么样的痛苦。这种说法本身就需要一个解释，因为高更的目标有时显得自相矛盾。在某种程度上，他无疑是谨慎的，不想把自己塑造成一个“文学”画家，并试图把自己从创作那种必须靠“阅读”才能被理解的艺术作品的概念中分离出来。然而在别的境况中，他却几乎以一种挑衅的姿态刻意显示出一种复杂、模棱两可和自传式的形象：如果评论家们如此可悲，无法欣赏他，那肯定是因为他们没能理解他的内涵。1890年6月，他给文森特·凡·高写了最后一封信：“唉，我觉得自己注定越来越不被人理解，我必须走上我自己的独木桥，就像个贱民一样，在无家可归的情况下苟延残喘……野蛮人终将回归荒野。”

109《高更先生，您好》，1889年，勒普尔迪旅馆版本的变体画

象征主义要求艺术家通过形式和色彩的结合来触动看客的情感，而非通过具象的感伤故事展示情绪。他们提倡唤起人们抽象的共鸣，而非对事实进行解释和记录。高更无处抒发的大志似乎能在这里找到些许出口。他越来越多地把自己的想法和灵感导向特定的象征主义受众，并开始接受普罗大众不属于这个群体的这一事实。提奥·凡·高对高更最近的作品没表现出太大的热情。而在1889年底，高更急需得到鼓励以增强信心，因此向舒芬尼克尔和贝尔纳征求意见。显然，他的内心从这些人那里得到了满足，但是在1890年上半年，他和贝尔纳之间充满奉承意味的交流很快就开始显得有些空洞。自1888年以来，贝尔纳自身的进展也谈不上顺利，他们在艺术道路上开始分道扬镳。和高更一样，贝尔纳于1889年在布列塔尼生活了一段时间，受原始木刻的启发创作过宗教主题的作品，但自从参观了巴黎的各种展览和博物馆后，他开始自我怀疑：作为一个艺术家，他的才能和方向飘忽不定，就像一个被抛来抛去的皮球。此外，他饱受家庭困扰，还有一段不愉快的恋情，因此，到了1890年夏天，他准备放弃在欧洲成为一个艺术家并能以此谋生的想法，打算接受高更的邀请，陪他去他想去的热带地区——马达加斯加。不过高更很清楚，贝尔纳在这方面或类似这类事情上的决定一般都会出尔反尔。首先，这次出行取决于与富有的发明家夏洛普医生之间一笔价值5000法郎的交易是否能成功。夏洛普需要收购每个艺术家以低价出售给他的画作进行零售，才能拿出这笔投资。

贝尔纳对于高更的忠诚度我们不得而知，不过在布列塔尼，除了德汉和塞吕西耶，还有越来越多的新信徒拜在他的门下，包括塞金（Seguin）、夏尔·菲利格（Charles Filiger）、丹麦人莫恩斯·巴林（Moens Ballin）和维卢姆森（Willumsen）、荷兰人韦卡德（Verkade）和波兰人斯莱温斯基（Slewinski）。这些艺术家中的许多人都来到巴黎参加世界博览会，并被佛尔比尼展上的作品所吸引，纷纷来到布列塔尼。他们与高更鲜有接触，但是蓬塔旺美学已经有了扎实的根基，即使没有高更，也能在这些人之中延续。如此多的青年才俊把高更视为领袖——虽然有名无实，这无疑让他十分自我膨胀，但这并没有降低出售他最近创作的作品的难度。

1890年，高更主要的精力都放在了在殖民地谋得一份工作赚取旅居海外的经费上，这让他以往可观的绘画作品产量急剧下降。高更

110《收获：勒普尔迪》(*La Moisson au bord de la mer*)，1890年

向提奥·凡·高承诺，未来他创作的作品将比他之前的所有作品都更宏大、更完整。他允许自己暂时放弃创作，试图保存自身的资源和精力，对即将诞生的作品满怀期待。这一年，他在勒普尔迪画的几幅自
111 然风景画都“毫无灵魂”，还有一幅十分直接、写实地临摹了一张可
112 能来自巴黎的不知名女人的肖像画，背景是高更藏品中的塞尚的《有高脚果盘、玻璃杯和苹果的静物画》(*Nature morte, compotier, verre etpommes*)。在高更职业生涯如此关键的这一时期，他还如此明显地致敬塞尚，这一行为和目的令人好奇。也许是他即将离开欧洲，再加上他明显不乐意创作出一些更费力、更富想象力的作品，让高更又回

111 下一页上图《对着塞尚的静物苹果的女子》(*Portrait de femme à la nature morte de Cézanne*)，1890年

112 下一页下图 保罗·塞尚《有高脚果盘、玻璃杯和苹果的静物画》，约1880年

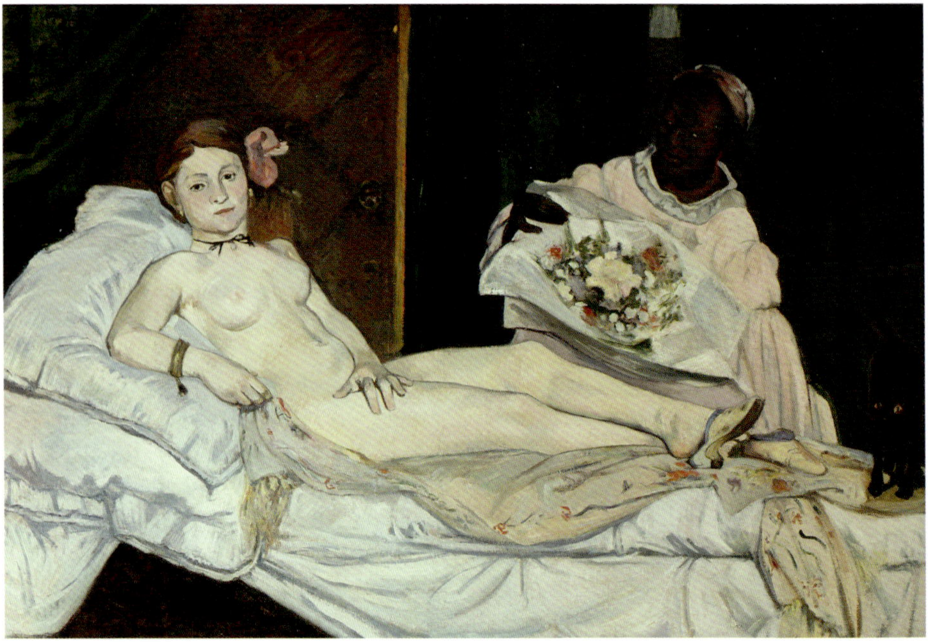

归到了他最初的艺术导师的荫蔽之下。1890—1891年，高更回到巴黎
113 过冬，他给自己定的任务是临摹一幅马奈的《奥林匹亚》，1890年11月，这幅画终于在卢森堡占据了一席之地。他似乎只是对原画的绘画手法和构图感兴趣，并没有过于尝试重现马奈笔下黑人和白人的丰富性和戏剧性，也没有费精力去勾勒背景的精致细节。据高更的第一个传记作者让·德·罗顿尚的记载，他只花了一个星期左右的时间就在马奈的画作前完成了这幅画的临摹。

这次练习似乎再次激发了高更的创造力：1891年初的那几个月里，他画了一幅巨大、庄重而富有象征意义的布列塔尼风景裸体画——
114 《失去童贞》(*La Perte de pucelage*)。这幅作品的规模与他的《奥林匹亚》临摹画大致无二，都比马奈的原作略小。他请他暂时的情妇，一个名叫朱丽叶·休伊特（Juliette Huet）的巴黎少女作为这幅画中的模特儿。与马奈的作品一样，女人苍白的身体与深色的背景形成了鲜
110 明对比。图中的背景可以说是高更从一个新的视角描绘《收获：勒普尔迪》中的格鲁瓦风景而形成的。不过《失去童贞》这幅画有一处例外——高更并未留下书面记录来帮助我们了解这些明显属于象征派的图形的含义。狐狸也曾出现在《坠入情网你就会快乐》中，被视为“堕落的象征”，在这幅画中再次出现，同时，女孩手中拿着的报春花也在暗示她被人玷污。这幅画似乎充满了类似的双关语，似乎能够把它解读为一幅针对和高更有来往的巴黎文人的作品，这也可能正是高更的目的。奥克塔夫·米尔博是画着女孩的头部和狐狸的手稿的第一个持有者，大概是高更为了感谢他在1891年2月的一个关键时机为他写文而赠予他的。几年后，在舒芬尼克尔的斡旋下，这幅画被象征主义派富有的赞助商安托万·德·拉·罗什富科（Antoine de La Rochefoucauld）买下。

高更为何在书信中鲜少有对这幅画的讨论，原因其实很简单。到1891年初，高更几乎已经没有可以通信往来的人了。文森特·凡·高于1890年7月结束了自己的生命。高更在听到这个消息时，既没有震惊，也没有激动。尽管他只给提奥·凡·高寄去了一封吊唁信，没有出席葬

113上一页上图《奥林匹亚》(《马奈的《奥林匹亚》临摹画)，1890年

114上一页下图《失去童贞》，1891年

礼这一举措被认为冷血无情，但当高更写到，凡·高的一生都处在痛苦的挣扎中，死亡或许是一种解脱时，我们就再也没有理由去怀疑他的真诚。不过，他反对贝尔纳在1890年秋季组织凡·高回顾展的动机就显然是出于私心了，在他得知提奥·凡·高精神已经全线崩溃时也是这种反应。高更发现，命运再一次给了他一波打击。古皮画廊终止了对他的赞助，紧接着夏洛普投资告吹，把他的艰难遭遇推向了高峰。现在，他不得不暂停他出售作品的计划，独自为前往热带地区的生活筹措资金。

高更冷酷地踏上了追求自由的道路，毫不犹豫地抛弃了那些他认为让他失望的人。他无情地嘲笑舒芬尼克尔在金融事务上的胆小——简而言之，就是嘲笑他不敢资助高更在热带地区的冒险旅程的胆识——嘲笑他对古板教学的接纳（舒芬尼克尔是巴黎一所中学的绘画教师），从而逐渐疏远了这位友人。1891年1月，由于高更如此粗暴地对待舒芬尼克尔的盛情和友谊，最终被其拒之门外。至于贝尔纳，他已经被高更对待他们的老朋友文森特那种无情无义的态度给惹恼了，他仿佛看到了自己也被高更程式化地从他个人的历史和计划中删除的情景。

毫无疑问，高更对自己的知名度很敏感。当时在巴黎，众人对谁应该居于当时象征主义诗歌革命的领头地位而争论不休（新闻招待会能让一个默默无闻的诗人一夜之间成为英雄），高更下决心要利用年轻象征主义作家的同情和钦佩之情，“让自己当选”这一荣耀之位，毕沙罗曾尖锐地指出，他在这方面是个“天才”。毕沙罗意指1891年2月，高更在纪念画作拍卖会举办之前耍的一些小阴谋。后来，那次拍卖于3月23日在伏尔泰咖啡馆举行，共筹集了9985法郎。还有5月21日，在高更前往塔希提后，他也如法炮制，成功在歌舞剧院举行了一次慈善音乐会。这些小阴谋，包括厚颜无耻地兜售人情，创作用于讨
115 好的肖像画，写下充满恭维的乞求信，向文学大师（米尔博、马拉美和拉奇尔德）、艺术大师［毕沙罗、莫奈、奥迪隆·雷东（Odilon Redon）和欧仁·卡里尔（Eugene Carriere）］以及媒体人［安托南·蒲鲁斯特（Antonin Proust）和阿里·勒南（Ary Renan）］大献殷勤，他还把对自己的投资宣扬为可靠的投资或者是慈善事业。所有这些计策都是人们所熟知的通往名望与荣耀的有效捷径，但是这些做法却激起了那些被践踏的人的嫉妒、厌恶和愤世嫉俗。

115《斯特凡·马拉美的肖像》
(*Portrait de Stéphane Mallarmé*),
1891年

毕沙罗把高更引荐给了同为无政府主义者的评论家奥克塔夫·米尔博。米尔博被认为是高级艺术的拥戴者，他用夸张的词语描述了高更创作的艺术：“他的作品混合了天主教的礼拜仪式、印度教的沉思、哥特式的天马行空，还有模糊又微妙的象征含义，这是一种令看客不安的刺激产物，闪耀着野性的光辉；这是不妥协的现实主义和狂野的诗意幻想的结合。”米尔博在巴黎的日报《巴黎回声报》(*L'Echo de Paris*）和《伏尔泰》(*Le Voltaire*）上都进行了这样的评论，为宣传高更即将举行的拍卖会做了很多工作，提高了他的声誉。米尔博通过夸大高更“痛苦的生活”来说明天才在腐败的西方民主中的困境，描绘了一幅闻者伤心、听者落泪的画面，却没有好好关注细节。

贝尔纳也为高更的宣传活动出了一份力。他在1890年年中给奥里耶的一封信中提醒道，现在正是发表他曾经承诺过的关于高更的文章的最佳时机。果不其然，1891年3月，奥里耶把这篇文章发表在了新发行的《法国墨丘利》(*Le Mercure de France*）杂志上，标题是“绘画中的象征主义——保罗·高更”。贝尔纳沮丧地发现，尽管奥里耶把《听道后的印象》作为自己文章中详尽论述的基础，自己对高更

116 1891年，保罗·高更和他的孩子埃米尔和阿琳，拍摄于哥本哈根

的名声所做的贡献还是一次也没有被提及。高更被描述成象征主义的代表人物，是这个新颖又令人兴奋的艺术派别的创始人，这种艺术不能再与无处不在的印象派一概而论，奥里耶认为，这是一种至关重要的、极具观赏性的、主观合成的思维艺术。

很多人夸大了高更艺术的独特性以及高更作为思想家和梦想家的造诣。毕沙罗很难根据奥里耶和米尔博的描述联想到高更。费内翁没有掩饰自己对高更的讽刺，他在5月的《黑色聊天》(*Le Chat Noir*)中写道，如此崇高的声望让人们对他的艺术产生了过多的期望，超出了他实际实现的水平。在高更的作品中，来自日本、塞尚、凡·高、莫奈的痕迹还是太显而易见了。但高更似乎毫不犹豫地接受了天才的名号。他还把相关文章的剪报寄给了他的妻子梅特，用自己在巴黎的声名赫赫推翻了她的质疑。当他洋洋自得地到哥本哈根向梅特和孩子们告别时，她跟他打招呼时的态度明显比前些年的简短交谈要热烈得多，超乎高更原本的期待。如果说这次的成功让他对未来的经济状况更有信心，那么其中他最满足的一点就是能够向他的妻子和家人宣布这样一个消息：他的名字现在在巴黎已经是家喻户晓了。高更承诺要以一个富人的身份从殖民地荣归故里，重新开始，在亲人的陪伴下度过晚年。他在1891年3月初离开梅特，并于4月1日启程前往塔希提。

117下一页图《异国的夏娃》(*Eve exotique*)，1890年

第5章
追寻蛮荒生活（1891—1893年）

高更最终孑然一身离开了马赛。他把所有想跟他一起去的年轻艺术家们都抛诸脑后，包括贝尔纳、德汉和塞吕西耶。其实，高更的众多亲戚熟人都觉得高更的想法不切实际。他的妻子也实在担心他会因此招致灾祸。讽刺的是，只有文森特·凡·高和贝尔纳才完全能理解这样的远行对高更来说意味着什么。文森特说过，从南部工作室到热带工作室，这条发展之路其实是合乎逻辑的。一旦南部工作室的艺术家们见识过地中海光线带来的强烈色彩并置，他们就会想去更远的地方寻找和发现更多色彩的奥秘。他还预言，色彩将在现代绘画中发挥更重要的作用。高更已经在从马提尼克岛带回的作品中证明了自己对热带的光线和色彩的反应力，很适合作为这样一场运动的领袖。贝尔纳再也不可能和高更一起远行了，后来，他前往埃及寻找自己的艺术财富。

对色彩的探索无疑在高更的创作中发挥了一定的作用，尽管其作用不如4年前他去马提尼克岛或多或少仍以自然主义风格创作时那么明显。毕竟，他最近的布列塔尼系列作品已经证明，即使来自自然的灵感不多，他仍旧可以实现高强度的色彩创作。不过，更重要的一点无疑是他希望新颖奇特的主题带来刺激，重振“愚蠢的买家们”日渐萎靡的购买兴趣。在规划的较晚的阶段，他才决定去塔希提。在他是商船海员时，曾在太平洋上的多个南美港口靠岸，他也显然对水手们关于南太平洋诸岛的幻想很感兴趣——在他们的幻想中，岛上生活舒适，享乐之物总是唾手可得。

高更的离开并非一时冲动，他也没想抛弃文明生活[尽管他曾向象征主义艺术家奥迪隆·雷东（Odilon Redon）提起过这种想法]。离开

118 亨利·勒马森（Henri Lemasson），《帕皮提的大街》（*Street in Papeete*），1897—1898年

前他还不辞辛苦地从殖民地办事处取得了相关的最新资料，并在临走前写了一封信给公共教育部长，请求对自己的艺术使命给予支持。他在信中写道："我想去塔希提，在那里进行一系列的绘画创作，在笔下描绘出这个国家的特点和光线。"他成功地得到了一份官方批准函，得以让船渡过港口，还得到了教育部一份信口开河的"用3000法郎购下他带回来的画作"的承诺。

显然，官方被告知的关于高更离开法国的原因与米尔博等评论家记录的故事大有不同。然而，并不是所有的评论家都像米尔博一样，对高更的困境产生了情感上的共鸣。比利时评论家埃米尔·凡尔哈伦（Emile Verhaeren）在无政府主义杂志《新兴业》（*La Société Nouvelle*）上，很好地将高更的艺术事业置于历史背景之下，提出了更多更慎重周到的观点。"另一位搞'启蒙艺术'的艺术家就是高更。

当米纳（M. Minne，比利时当代象征主义艺术家）只关注着自己稚拙的艺术，被欧洲的理想摇篮所吸引时，高更的梦想已经飘向了印度群岛，甚至更遥远的岛屿。他出发去寻找他心中的美学起源。高更也是为了寻求彻底的孤立，超越迄今为止别人所构想和创作的所有艺术。最终，结束年复一年的生活，远离所有人和事……10年前，人们认为艺术家就应该致力于自己所在地区的艺术，独自研究，以自己的家乡为烙印，而不是垂涎墙外的花园。那么这位远行去最偏远的未知地的画家不就正中这种观点的靶心吗？”在这位机敏的当代艺术评论家看来，高更离开法国要冒很大的风险，但他绝非唯一一个反对自然主义的人。

在船上时，高更发现自己周围都是一群穿着体面、正在执行政府任务的小资产阶级。在一封寄往澳大利亚悉尼的家信中，他强调了自己对这些无趣的人的零容忍，并以自己身上与众不同的特点（他把自己的头发留长了）和自己内心的优越感为乐。然而，这群人正是他生活在塔希提时日常遇到的外籍官员。在高更将自我放逐到海洋的过程中，他想对付这些殖民者的决心和挑衅心越来越大。但高更真的像他自己认为的那样与其他人不同吗？毕竟，他有着用未开发的资源来振兴创作的野心，并且，作为一名商人，他意识到当时的欧洲对他想要创造的一种被遗忘的文化形象有很大需求，这种文化具有神秘传说色彩，和宗教魔法密不可分，可以与西方过度进化的颓废文化形成对比。社会环境、法国外交政策、象征主义的绽放、对日常生活的憎恕、对未知和原始的渴望——所有这些结合在一起，在他脑海中呈现出了一幅似乎可以成功的美好事业蓝图。

如果高更以为自己是第一个以大洋为题材作画，而非以寻常的东方地形为题材的画家，那他就错了。他的一个同胞——夏尔·吉罗（Charles Giraud），大约40年前就在塔希提进行过艺术创作，整个19世纪50年代，他都在为画廊创作塔希提的风景画。实际上，对塔希提人来说艺术家并不稀奇，因为他们曾在18世纪晚期就在到达他们岛屿的第一批欧洲船只的船员中遇到过像威廉·霍奇斯（William Hodges）和悉尼·帕金森（Sydney Parkinson）这样的人。在高更那个时代，至少还有一位名叫约翰·拉·法奇（John La Farge）的美国艺术家，以及摄影师查尔斯·施皮茨（Charles Spitz），同在塔希提上忙着记录他们对岛上生活的印象。就像高更和詹姆斯·库克（James Cook）在1769年所意识到的那样，这无疑是一种濒临灭绝的生活方式。

1891年11月，也就是高更抵达5个月后，他在给塞吕西耶的第一封书信中记录了他迄今为止取得的艺术进步。他工作很努力，但创作质量还无法断言，“数量多了价值就不高了。我还没有完成一幅画，但手头上正在进行很多可能会出成果的文献研究，我希望到时候它们能在法国给我带来较为持久的声望。”后来，高更承认，只有当回到巴黎，看到他的画作被裱起来的时候，他才能分辨它们的质量是好是坏。艺术历史学家理查德·菲尔德（Richard Field）对高更第一次在塔希提逗留期间的作品进行了详细的编年史分析，从中可以清楚地看出，高更花了很长时间才静下心来创作出他那些大大小小、或繁或简的画作。一开始创作时，他比较谨慎，就像他在布列塔尼所做的那样，在尝试将重要人物融入画作背景之前会先进行小规模的人物素描，研究热
119 带地形和植被。像《塔希提之山》（*Montagnes Tahitiennes*）这样的

119《塔希提之山》，1891年

120《苏珊·班布里奇肖像》(*Suzanne Bambridge*)，1891年

画，几乎是他为了履行对教育部的承诺才画的。但高更最终还是奔着画塔希提人而来的，他觉得找模特儿在他的工作室里摆姿势供他作画是件很微妙的事情。高更最初在帕皮提度过了3个月，这不是一个好
118 的开始。到19世纪90年代，帕皮提已经非常欧洲化了，在那里，他的“官方”批准函可能会阻碍他，也有可能为他打开新的大门。因为这封函件让他在当地直接赢得了某种地位，同时也加大了他实现自己的期望的难度。他在第一批写给梅特的某封家信中吹嘘自己受到了社会精英、王室和法国政府官员的追捧，有望能通过肖像画赚钱。高更在帕皮提住了几个星期，在那里相对严格的社会结构中找到了自己的风格（他甚至穿上了合身的亚麻布西装），不久后，当他为一个社会
120 名流——苏珊·班布里奇（Suzanne Bambridge，有着英国、爱尔兰和塔希提血统的女人）画肖像时，又表现出了自己不准备在艺术上让步的态度。

塔希提的殖民生活无疑令高更感到失望。虽然他只是在偶然的评论中承认过这一点，但当时留下的文字描述和照片都清楚地表明：自第一次由欧洲游客带回惊艳的见闻以来，这个地球上的天堂已经变了很多。用高更的话说，塔希提看起来几乎完全被欧洲人的商业贸易污染了。高更想要的是一种原始的田园生活，远离一切邪恶和卑劣，远离欧洲见钱眼开的风气。他最初给家里写去的一些信可能会让人误以为他已经找到了这种圣地。在塔希提待了3个星期后，他在给梅特的信中满怀热情地写到了热带地区夜晚的寂静和安宁，当地人的随和好客和自然之美。他怀着一种乐于接受的心情，等待着他所期待的创造力的回归：“我理解为什么这些人可以几个小时以至于几天一动不动地坐着，悲伤地望着天空。我接纳了所有涌入我眼中和内心的事物，在这一刻，我感到了一种令人惊讶的平静。”他后来在关于塔希提的记录《诺阿·诺阿》（*Noa Noa*）中，详细地阐述了一种感觉：他那过分文明的灵魂在接触了“野蛮人”的天真之后得到了净化和恢复，他对同伴怀有的不良情绪被善良的情绪所取代。如今，度假宣传册上刊印的这些说法看起来如此庸俗，以至于我们很难去相信高更曾经如此严肃地发表过这些言论。不过，在给妻子的同一封信中，高更也透露，塔希提并非他所期待的那样，他哀叹，很大一部分欧洲的虚伪恶习本质上是由新教传教士连同西方疾病和文化一起引入的！这听起来像是在

故意嘲弄他的丹麦妻子，因为他曾在其他地方也声称过天主教同样有害。实际上，在英国和法国传教士让这个岛上的居民改信基督教的过程中，当地的传统信仰已经被摧毁，几乎从人们的记忆中消失。

人类学家本特·丹尼尔森（Bengt Daniellson）曾在塔希提生活多年，亲身体验过“原住民生活”，他揭示了高更当时生活的大部分事实。在帕皮提过了几周奢侈的生活后，高更想放下的那种金钱焦虑又卷土重来了。他的心思越来越集中在每月来一次的邮船上，期待着那些从法国寄来的信件和钱。他在家信中写下的抱怨越来越多，因为他的储蓄减少，所需的资金都未能兑现。他毫不犹豫地对他的朋友们进行了指责，比如年轻的诗人夏尔·莫里斯（Charles Morice），指责他是否已经忘记了为自己提供经济支持的承诺。在这些信件中，他最关心自己的生意，斥责经销商的低效率，要求他的妻子和朋友替他在巴黎跑腿，告诉他有关自己的画作销售和声望的最新具体消息。就像1886年他第一次去布列塔尼一样，1891年9月，他决定离开帕皮提，前往离海岸边更远的地方定居，这既是出于生活成本的考虑，也是出于艺术的需求。

可能是接受了他结交的一个塔希提酋长的建议，高更决定在离帕皮提约45千米的马塔耶阿定居。在那里，他租了一间当地风格的椭圆形竹屋，屋顶铺着露兜叶。一旦安顿下来，他就可以认真地开始工作，正式进行人物研究了。大概是定居在这里之后不久，他就画出了
122 第一幅塔希提模特儿肖像画——《戴花的女人》（*Vahine no te tiare*）。他后来的记录中写道，这个女孩在听到他的请求后消失了，留他在怕她逃走的担惊受怕中度过，回来时却穿着她最好的蕾丝边衣服。画中女子穿的那种欧式长罩衫在很大程度上已经取代了传统的塔希提纱笼（*pareos*）。妇女们现在花在编织草帽上的时间与她们编织花环的时间一样多，礼拜天时必须戴上这些草帽［这是1840年由一个名叫普里查德（Pritchard）的投机主义传教士引入的风俗］。顺带说一句，高更
121 在《海滩上的塔希提女人》（*Deux femmes sur la plage*）中也描绘了这种服装。高更觉得自己必须尽快完成这幅画像，以免模特儿改变主

121 下一页上图《海滩上的塔希提女人》，1891年

122 下一页下图《戴花的女人》，1891年

Vahine no te Tiare
P. Gauguin 91

意。他说，这些被过分吹嘘的塔希提女人，想画她们穿着衣服的样子都难，更别说创作裸体画了，这并不是一件容易的事（如果我们能相信这种说法，毕竟他的说法肯定有几分真实性，就像他用来说服他的那些画家朋友们的说辞一样）。

1892年夏末，他完成的画作被送到了巴黎，挂在古皮画廊［这时提奥·凡·高的位置已经被莫里斯·琼安（Maurice Joyant）取代了，在高更看来，这是一个糟糕的替代者］。从高更后来在书信中多次提到这幅画，可以明显看出他非常重视他的“塔希提女孩”，还想把她送去巴黎，让她成为他回国时带回的塔希提女性形象大使。高更询问他的男性朋友们对那个女孩的想法，而非对他画作的评价，急切地想知道他们是否会像他一样，对她的美貌激动不已：“她那庄严向上的额头线条，”他后来写道，“让我想起了坡（Poe）的那句话，‘正是比例上存在的某种奇点，造就了完美的美丽。’”似乎没有人能完全理解他的情

123《餐食》（*Le Repas*），1891年

感：相比这个女孩本人，奥里耶对于这幅画的稀有价值感到兴奋，舒
芬尼克尔则对这幅画中匮乏的象征主义特征感到吃惊。事实上，除了
59 靠想象添加的花卉背景让人想起高更1888年画的《自画像》，这幅画
相对比较简单。当时的人类学研究以摄影技术为依据，“科学地”记录
了不同种族之间的生理差异，尽管这些差异被误认为是固定的类型学。
自库克船长时代以来，艺术家们就以理想化的方式描绘塔希提人，调
整他们的特征和比例，以迎合欧洲人的审美，但在夏尔·吉罗为波马雷
王后（Queen Pomare）绘制的肖像画中（1851—1852年），王后尽管
穿着西方化的服装，却有一种强烈又独特的波利尼西亚风情。高更的
第一幅画同样暗示了一种渴望，想要以更自然的手法描绘塔希提人的面
貌，而不受古典文化中预先设定的审美规则的束缚。自然主义作为一
种艺术信条，对高更来说就是一种诅咒：它使艺术家成为科学知识的
走狗，而非像神一样的创造者。他想要超越这种经验主义的观察记录，
寻找一种符合他的象征主义抱负的方式来画出塔希提，体现出他对这个
地方的感受和对这个岛神秘历史的诗意想象。

125 为了实现这种综合画法，他再次集中精力在绘画上，不仅仅是描
126 绘自然风景，而是“在自己的内心深处进行探索”——正如他在1891
年11月给丹尼尔·德·蒙弗雷德（Daniel de Monfreid）的一封信中所
121 解释的那样。《海滩上的塔希提女人》中可能就使用了这种画法，这
是他在1891年为数不多以塔希提为题材的画作之一。在为画作左侧
人物寻找一个合适的姿势时，高更似乎采用了在他早期作品中已经用
过的各种各样的年轻布列塔尼牧羊女的透视姿势，并以此为基础进行
颠倒。一般的景观画构图会有把巨大的人物形象推出纸面的效果，他
114 最近的作品《失去童贞》也是如此，有着广泛的横向布局和随心所
欲的色彩变化，并不能让人辨认出是塔希提。高更似乎对这两个默默
对话的女性形象的结合很感兴趣，他不仅画了一幅近乎是复制品的作
品，还将其送回了欧洲［第一版在塔希提找到了一个买家，一个叫阿
诺（Arnaud）的船长以400法郎的价格买下了这幅画］，但在后来的
几幅作品中，高更深入探索了这个想法，在形式和心理层面上相互影
响，产生了更复杂的关系。

124 《育雏妇女》（*Te faaturuma*），高更将其翻译为La Boudeuse（忧
郁的女人），这是他在第一次塔希提之旅中以塔希提语命名的早期作品

124上图《育雏妇女》，1891年

125左下图《戴花的塔希提女人》（*A Tahitian Woman with a Flower in her Hair*），约1891—1892年

126右下图《塔希提女人》（*Tahitian Woman*），1891年

之一，虽然这个名字显然是高更后来的想法，但不是他本人在画布上题的名，而是丹尼尔·德·蒙弗雷德在高更的指示下题写的。手托着头的姿势是传统的忧郁的象征，这让人想起了杜勒（Durer），姿势和面
121 相都与他的《海滩上的塔希提女人》右边的人物形象密切相关，表现出高更曾对他妻子强调过的塔希提人的典型冷漠姿态。这幅画中的环境更加具象，也更加现代化，殖民地风格的房间通向阳台，可以看到远处有鲜明的绿色景观。人物的紧凑包容、不对称的位置和有力的对角线，分割了这个原本单调的空间，这可能是高更又一次在德加或日本版画风格中寻找构图理念的体现。

高更离开巴黎时并非两手空空，所以我们有理由确信这种视觉上的相似之处是有迹可循的；相反，他用一系列视觉刺激来武装自己，其中必定需要大量对自己内心的探求。事实上，在离开法国前的几个月，他曾向奥迪隆·雷东说起过，要在自己的行李中带上“自己小世

127 奥迪隆·雷东，《死亡：我的讽刺胜过一切！》（*La Mort, mon ironie dépasse toutes les autres*），1889年

界中的所有朋友”，每天都可以与它们交流。他所说的朋友们包括朋
友的照片、画作和报刊，以及他个人藏品中那些更易运输的物品，比
127 如雷东的平版画——《死亡：我的讽刺胜过一切！》。几位学者花了
很多精力整理他这个视觉图书馆中的图片，以及它们对高更的塔希提
系列作品的影响。经他们的研究表明，高更对西方材料的依赖程度远
远超过人们预想的那样。

131 《万福玛利亚》(*Ia Orana Maria*）就是高更十分依赖这些原始材
料最好的证据，展现了他创作过程中的观察力与作画技巧的复杂融合。
这幅大型画作是他在塔希提的第一年创作的最为精致的作品，也是他
第一次完全脱离可观察对象，进入幻想领域的作品。高更认为这是一
幅意义重大、也取得了普遍认可的成功之作。它表达了天真的迷信信
仰，与日常生活产生了超自然的融合，可以说能与他在布列塔尼所画
的宗教作品相媲美。事实上，这幅画中所有的异国情调、华丽背景和
塔希提人物仍然基于传统的天主教主题。高更当时还没能琢磨出一个
和塔希提岛旧时宗教信仰相关的主题。这两个正在祈祷的人物，保持
128 着原始的象形姿势，是高更直接借鉴了自己手中的爪哇岛婆罗浮屠寺
的浮雕照片上的人物创作出来的，此外，他还借鉴了这个长久以来备
受推崇的原始宗教艺术典范中的树叶的形象，在画面上方加上了装饰
性的绿叶带，遮挡住了远处的山脉，让画面更为自然。这幅画中的不
同元素是从一系列素描中整理出来的，因此，这幅画可能缺乏他早期

128 爪哇岛婆罗浮屠寺的浮雕

129左图 朱尔斯·巴斯蒂安-勒帕热，《圣女贞德》（*Jeanne ecoutant les voix*），1879年

130右图 卢克-奥利维尔·默森（Luc-Olivier Merson），《万福玛利亚》（*Je vous salue, Marie*），约1885年

画的宗教形象那样简洁清晰的表现力。画面上有许多犹豫不决的作画痕迹很容易就会被忽略，尤其是在圣母和圣子的不朽力量的映衬之下，更不显存在感，比如前景静物中的球形水果后期又被遮挡住了；还有插入后略显奇怪的天使形象，隐藏在一片色彩繁乱的花丛中。高更的肖像画本身并没有什么特别新颖的地方。天使形象的引入标志着标准的天主教主题，经常出现在高更门下虔诚的追随者夏尔·菲利格和莫里斯·丹尼斯，以及画廊画家们的作品中。虽然圣子坐在圣母的肩膀上是
130 不正统的形象。卢克-奥利维尔·默森的《万福玛利亚》用了同样的表现方法，把玛利亚的形象设定在法国乡村的平庸背景下，画面中还有
129 从田间回来的农民和孩子；而巴斯蒂安-勒帕热的《圣女贞德》也尝试在某种程度上激起类似的情感，并试图以同样困难的方式将一个超凡脱俗的存在与世俗背景融合在一起。1893年，当评论家看到高更的画作被挂在巴黎时，谴责他“不过是一个塔希提风格的巴斯蒂安-勒帕热，就差个塔希提表演家的音乐伴奏了！”也许，高更在机会来临前决定不把这幅作品提前送到哥本哈根展出是明智之举，或许他也意识到了自己需要亲自向评论家们阐释并证明这幅作品的合理性。这幅

131《万福玛利亚》，1891年

作品的复杂内涵是为了取悦象征主义者而生的，但画面里保守的肖像
很可能会让高更受到政治对手的进一步攻击。

131 考虑到高更对基督教传教士的反对，《万福玛利亚》的意义仍然是
个未解之谜。我们只能对它所传达出的信息做出简单、正面的理解，比
如他们日常生活中的母亲的形象，是在讽刺天主教被塔希提人缓慢同
184 化、改变吗？如果是这样的话，他后期的作品，1896年的《耶稣降
生》[*Te tamari no atua*，又名《上帝之子》(*Naissance du Christ*)] 也
可以这么理解。当然，人类学家一致认为，在传统的土著信仰中没有引
入基督教的罪的概念，特别是与性和物质占有有关的罪，这被认为是塔
139, 希提在欧洲人殖民统治下最痛苦的几个方面之一。高更在创作《怎么！
142 你嫉妒了？》(*Aha oe feii?/What, are you jealous?*) 和《你何时结婚？》
(*When will you marry?*) 时，肯定也是在拐弯抹角地暗示这一点。

132《露兜树下》(*I Raro Te Oviri*)，1891年

134 《拿着斧头的人》(*L'Homme à la hâche*)也是高更在马塔耶阿时创作的，根据他在《诺阿·诺阿》中的描述，这幅画记录了他在帕亚目睹的一件事。他采用了与《万福玛利亚》中类似的垂直三部分结构，右侧前景是一个简化的大型人物形象，中间是一个较小的弯腰曲背的身影，画面顶部则是一幅更贴近自然主义的海景，整幅画即这三部分的结合。在这幅画中，色彩看似随意地由阿拉伯式图案打破分割，被简化为广阔的色域，高更把这种色彩表现称为一种“未知的神秘语言”，加深了这幅画的抽象色彩。高更小心翼翼地用景泰蓝风格的轮廓为他画中的樵夫增添了一份优雅的力量，似乎把他比拟成自启蒙运动以来流行的“高贵的野蛮人”这一传奇形象的缩影。

这是一幅高更画作中难得一见的描绘积极工作的男性形象的作品，这不由得让人感慨他的整个职业生涯都集中在女性形象的描绘上。毕

133上一页上图《你去哪儿？》(*Where are you going?*)，1892年

134上一页下图《拿着斧头的人》，1891年

135本页图《拿着斧头的人》(*Man with an Axe*)，1891—1893年

136 左图《魔鬼的话语》（*Parau na te varua ino/Words of the Devil*），1892年
137 右图《魔鬼的话语》习作，1892年？

竟高更是一个为男性消费市场创作的男性艺术家，尽管他公开表现过对堕落欧洲资产阶级的低级趣味的憎恶，但他并不羞于偶尔光明正大
143 地迎合这个市场。比如，《拿着杧果的女人》（*Vahine no te vi*）似乎就有一丝勾引人的意味。这是一幅描绘塔希提女孩拿着杧果的具象画，虽然有些老套，但高更通过女孩身体的扭动和布料的褶皱赋予了这幅
147 画一种明显的巴洛克式活力，与他更“原始”的作品，比如《市场》

138 下一页上图《清晨》（*Morning Ablutions*），1892年
139 下一页下图《怎么！你嫉妒了？》，1892年

TE POIPOI

Aha oe feii?

140上图《怎么！ 你嫉妒了？》，1894年

141下图《你何时结婚？》习作，1891—1893年

142下一页图《你何时结婚？》，1892年

Vahine no te Vi
P Gauguin - 92

143上一页图《拿着杧果的女人》，1892年

144本页上图《约瑟与波提乏的妻子》（*Joseph et la femme de Potiphar*），1894年

145本页下图 皮埃尔-保罗·普吕东（Pierre-Paul Prud'hon），《约瑟与波提乏的妻子》，约1820年

（*Ta Matete*）中刻意塑造的僵硬姿势大有不同。正如菲尔德所指出的
那样，对这种现象的解释，只能是“借鉴”。新古典主义艺术家普吕
145 东曾在他的《约瑟与波提乏的妻子》中使用过这个构图异常平衡的姿
势，这幅画曾经属于阿罗萨，高更的个人便携藏品中也有一张这幅画
144 的照片。事实上，在高更第二次去塔希提时，他还画过一幅普吕东作
品的临摹画。

147 Ta Matete被粗略地翻译为“市场”，高更在画中展现了经常光顾
帕皮提公共广场和市场的妇女们，那里是塔希提最接近皮加勒区夜生
活的地方。高更正是从这些女人中，找到了他的第一个塔希提混血情
妇蒂蒂（Titi），但他很快就发现，她要求太高，在经济方面让他筋
疲力尽。她无法或者说不情愿跟随高更适应他想在马塔耶阿过的那种
“自然生活”。在这幅画中，高更根据一张他随身携带的大英博物馆底
146 比斯墓中壁画的照片，采用了埃及粗呢装饰的技巧，这一点也说明他
在建立本土艺术传统方面碰壁。这也许是他想对这些城镇里的妇女发
表的一些评论，她们经常与欧洲移民打交道，已经习惯了奢侈的生活
（在这片土地上，第一批欧洲游客肆无忌惮地享有各种免费服务，这种
更西方化的交易方式的发展是西方文明侵蚀过程中一个不可避免但又

146 埃及第十八王朝底比斯墓中的壁画

147《市场》，1892年

颇具悲剧性的方面，高更肯定也意识到了这一点）。另外，高更刻意融合了埃及文化与海洋文化，可能是他对当代人类学理论的认可。在这个理论中，波利尼西亚人神秘的民族起源被追溯到“人类最古老的种族”——“红皮肤族”，其文明在古埃及达到了顶峰。埃德蒙·舒尔在《伟大的受启者》中也引用了这个理论。我们知道，高更总对他选择生活的地方的本地文化和种族起源很感兴趣。尽管《市场》有着原始的艺术气息，但它其实是高更笔下为数不多的揭示塔希提社会现实生活的画作之一。大多数时候，高更都小心翼翼地避开对现实世界的直视，背对周围发生的一切，更倾向于从过去寻找灵感。

143 《市场》和《拿着杧果的女人》创作于1892年春天，当时，高更利用自己的光线技巧作画，质量平稳。“我在工作呢，”他在1892年4月告诉梅特，“现在我已经熟悉了这里的土壤和气味，我在用一种非常高深莫测的方式来画这些塔希提人，他们很像毛利人，而不像来自巴蒂尼奥勒（巴蒂尼奥勒是巴黎的一个区域，传统上艺术家们都会去那里寻觅异国模特儿）的东方人。”荒谬的是，就在这一硕果累累的时期之前，高更的健康状况不幸恶化，还在帕皮提住了院。他得了某种癫痫，咳了好几天血。所幸高更安然无恙地度过了这一难关，同时，他的乐观精神也恢复如初，对于自己还能有机会继续已经开始的创作十分感恩。他珍惜着度过每一天，留存自己的精力，有条不紊地安排自己的作画计划，这样一来，每天的任务都能顺利衔接前一天的任务，从而有逻辑地进行下去。这段时间里，他的画作产量稳定，其中许多都是他赖以成名的精美绝伦的重要作品。

在塔希提第一年的生活结束时，高更觉得他获得的成就已经足以向当初不看好他的胆小鬼们证明，他离开欧洲不是一件蠢事。不过他还是只能像往常一样沮丧，因为资金不足，回法国本土遥遥无期。到了1892年夏天，梅特似乎终于愿意相信他了，因为她现在看到了一丝希望，她和孩子们忍受了这么多年贫困潦倒的生活，终于有了回报。高更一连串的成功让她重新有了信心。她成功地把高更早期的重要作品《裸体习作（苏珊娜缝纫）》以一个好价位卖给了一位丹麦艺术家——特奥多尔·菲利普森（Theodor Philipsen）。还受到他和哥本哈根“友谊之旅”年度免费展览的联合策展人——约翰·罗德的盛情邀请要展出高更最近的作品。一次偶然的机会，她看到了艾伯特·奥里耶写的一篇重要文章——《象征主义者》(*Les Symbolistes*)，发表在四月版的《百科全书》(*La Revue Encyclopedique*）上。奥里耶在文中赞扬高更是这场新运动无可争议的发起者。她去了巴黎，见了高更的一些朋友，这是她第一次沾丈夫名声的光，在众人眼中有一定分量。夏尔·莫里斯则是极其殷勤的一个。她还见了画家欧仁·卡里尔，拿到
148
了在高更动身去塔希提之前由卡里尔画下的高更的肖像画。在同一场合，她可能还代表丈夫去问候了受人敬重的共和党政治家乔治斯·克列孟梭（Georges Clemenceau），请求他对高更回国提供官方支持。高更对这些一无所知，如果他知道，那他断然是没有立场不断指责他的妻子，认为她对他的生活漠不关心的。当他后来终于听说她为他所做的努力时，他又开始提出要弥补他们长达20年婚姻中的缺憾，一起在欧洲重新开始新的生活。

考虑到高更当时的处境，这个承诺其实只是一张冷酷无情的空

148 欧仁·卡里尔，《保罗·高更肖像》（*Portrait de Paul Gauguin*），1891年

头支票，不切实际。但高更自我欺骗的能力太强，始终把目光锁定在虚高的目标上——正如他自己也曾苦笑着承认的那样。他和梅特已经疏远了7年。在给她写信的时候，高更正和一个名为泰哈玛娜（Teha'amana）的塔希提人同居在一起。据他在《诺阿·诺阿》中的叙述，他当时娶她为妻，还得到了她的亲生父母和养父母的祝福。然而在巴黎，朱丽叶·休伊特却给高更带来了一个难题，她在高更不在的时候给他生了一个女儿，但她现在显然需要经济上的支持。高更心中明确地相信，这些人的牺牲是他艺术事业中必要的一环；不管怎么说，对他这个阶层的人来说，这些都是家常便饭。幸运的是，尽管梅特·高更被丈夫的话暂时哄乐，却没有被浪漫的承诺冲昏头脑。后来，她把高更的生活态度总结为一种“残忍的自我主义”。

高更的创作进展如此顺利的主要原因是在他研究塔希提的过程中有了一个重大发现。1892年3月，一个法国殖民地人借给他一套书，这是比利时人J. A. 莫伦霍特（J. A. Moerenhout）写的关于海洋生活的两卷本研究书籍《海洋航行指南》（*Voyages auxlles du Grand Ocean*）。这两册书于1837年首次在巴黎出版，完整描述了塔希提被遗忘的宗教信仰和习俗，以及关于塔希提语言文学、政治和社会事务的信息。讽刺的是，高更本可以在巴黎就学习到如此重要的研究，正如浪漫主义诗人莱科姆特·德·利勒（Lecomte de Lisle）所做的那样。

149《泰哈玛娜的先祖》(*Merahi Metua no Teha'amana/The Ancestors of Teha'amana*)，1893年

虽然现在才读到，这些书依旧为高更打开了传说中的神秘塔希提的大门，让他能有机会观摩本来只能依靠想象的异教仪式。他在3月25日写给塞吕西耶的一封信中首次暗示了这一发现。他在信的结尾写道："古老的海洋宗教太伟大了！简直就是一个奇迹！我的大脑嗡嗡作响，它带给我的想法真的能把人们吓跑。如果国内的人们还在对我的旧作品耿耿于怀，难以想象他们会如何评价我的新作品。"看来高更可能是把莫伦霍特的叙述部分抄写到了自己的笔记本上，还在其中加以水彩素描点缀。这本名为《毛利古文化》(*Ancien cult Maorie*)的笔记现在安全地存放在卢浮宫。在此之前，高更一直把这本笔记保存在身边，直到去世，虽然他可能没有要出版的打算，但它为他提供了许多画作的原始材料，也是《诺阿·诺阿》的创作基础。

150 这一阶段早期高更的画作之一是《她的名字是维劳玛蒂》
(*Vairaoumati tei oa*)，这可能也是他首次尝试的塔希提题材的裸体画。
151 在给塞吕西耶的信中，他粗略地描述了这幅画，并称这幅画"真的很
丑，真的很疯狂"。根据古老的塔希提传说，维劳玛蒂是一个美丽的
凡人，被至高无上的奥罗神选中，成了他的爱人并为他生下孩子。因
此，她成为神圣的阿雷欧伊族的先祖，这是塔希提社会中的一种宗教
秩序。当地人们过着自由恋爱的生活。一种无节制性自由的概念长期
以来就一直与塔希提人捆绑在一起，高更和许多欧洲人一样痴迷于这
一点。在这幅天使报喜画中，他画下了裸体的维劳玛蒂，背景是他在
147 《市场》中用过的冰冷的埃及人侧写，虽然她腿的位置和坐着的布让人
200 想起普维斯·德·沙瓦纳（Puvis de Chavannes）的《希望》中的寓言
人物。他没有使用水平设计构图，而是选择了以垂直形式从一个尖锐
的角度画出重叠的图案。当高更画草图给塞吕西耶看时，他还没把诱
骗女色的奥罗神从右上角俯视着维劳玛蒂的笨拙身影加进作品中，这
101 个姿势就像《坠入情网你就会快乐》中高更刻画了自己的脸俯视着画
中的裸体女人一样。放在石祭坛中间的神像就是他们结合的标志。

就像维劳玛蒂的裸体形象来源于艺术，而非以塔希提为模板一样，高更的雕刻和绘画的形象也是由他自己创造或重构出来的。他也不得不如此，因为几乎所有的土著塔希提宗教形象的痕迹都已经丢失或被损毁。在《毛利古文化》里，高更画了一幅塔希提神希纳（Hina）和特法图（Tefatou）的连体人像水彩素描，这显然是受到马克萨斯

150《她的名字是维劳玛蒂》，1892年

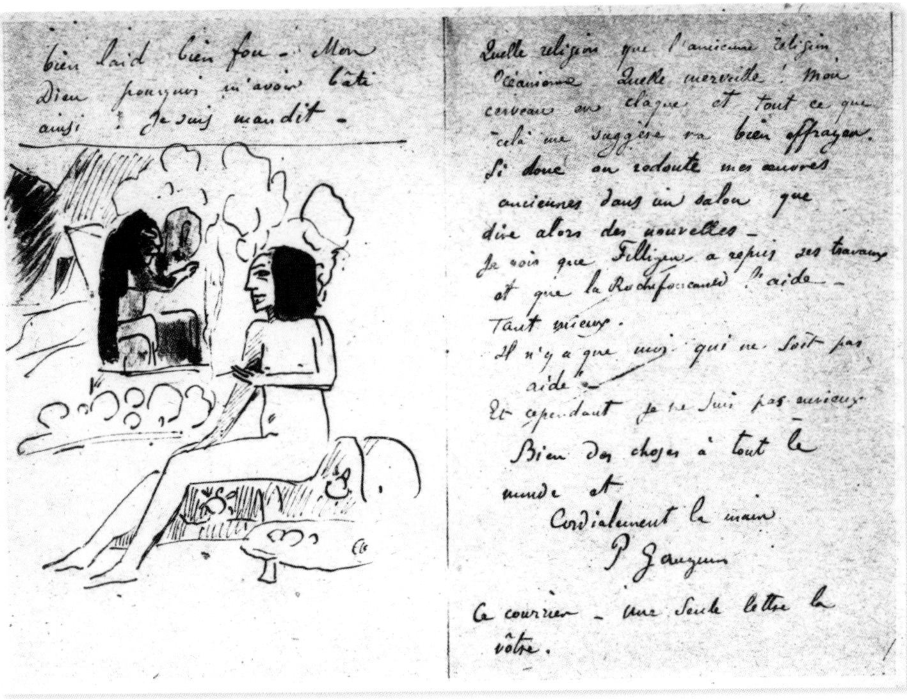
bien laid bien fou – Mon
Dieu pourquoi m'avoir bâti
ainsi ! Je suis maudit –

Quelle religion que l'ancienne religion
Océanienne. Quelle merveille ! Mon
cerveau en claque et tout ce que
cela me suggère va bien effrayer.
Si donc on redoute mes œuvres
anciennes dans un salon que
dire alors des nouvelles –
Je vois que Filliger a repris ses travaux
et que la Rochefoucauld l'aide –
Tant mieux.
Il n'y a que moi qui ne soit pas
aidé –
Et cependant je ne suis pas envieux.
Bien des choses à tout le
monde et
Cordialement la main
P. Gauguin
Le courrier – une seule lettre la
vôtre.

151 给塞吕西耶的信，1892年3月25日，附《她的名字是维劳玛蒂》草图

人船桨柄上的装饰细节和风俗人物造型的启发。和他的许多创意一样，
一旦用视觉展示，就会被一次又一次地使用在他的创作中。例如，同
153 样的创意会出现在他的木版画、陶瓷花瓶和雕刻中，比如可能创作
152 于1892至1893年的《头戴珍珠的偶像》(*Idole à la perle*)(高更在给
德·蒙弗雷德的一封信中提到，那年的9月左右，他正忙着在树干上雕
刻“小摆件”)。这个虚构的形象也再次出现在其他一些画作的背景
174 中，尤其明显的是《甜蜜的梦》(*Nave nave moe*)，以及一幅因为有
155 一座庙宇而被他称作《圣山》(*Parahi te marae*) 的风景画。这座神
圣的山周围的围栏最初的草图出现在《毛利古文化》中，紧跟着莫伦
霍特的记述。在这幅画中，高更用惊艳的色彩进行了精心设计，既用
到了水彩，又用到了油彩，在栅栏上巧妙地点缀了几个骷髅头。

也许是因为这种方式精准地限制了他的借鉴水准（有时它们表现得非常直接），高更作为原创艺术家的操守偶尔也会遭到质疑，似乎一

152左图《头戴珍珠的偶像》，1892—1893年

153右图《贝壳装饰的偶像》（*Idole à la coquille*），1892—1893年

个艺术家抄袭过去艺术品的行为是十分可耻的，缺乏传统的创新力和原始材料的创造力。当然，历史学家对高更借鉴莫伦霍特还是其他艺术作品的鉴别并不是为了贬低他的成就，而是为了理解他的艺术实践。他有时也会重复阐述和重构已经获得成功的作画理念，这与法国同时代著名画家德加和塞尚等人所采用的方法没有本质上的区别。高更充分利用了马克萨斯人的船桨和雕刻，但由于没有原始的波利尼西亚文物可挖掘，因此，为了了解塔希提的历史，他会依赖可靠的出版资料，并大量借鉴他从欧洲带来的这些便携藏品也就不足为奇了。不管高更怎么说，从某种意义上来看，脱离自己的文化并不意味着白手起家开始创作，这一点还是令人欣慰的；而且正相反，这种做法更有力地把高更推回到那个被抛弃的文化的不朽纪念碑上。对他的资料来源的鉴别和研究使我们能够更好地理解热带的工作室对于激发高更的想象力有多大意义，也能知道他带回巴黎的作品在多大程度上参考了他随身带去的文化包袱。

154上图《圣山》习作，约1892年

155下图《圣山》，1892年

第6章

面向公众（1893—1895年）

1892年末，高更给德·蒙弗雷寄了8幅作品，准备在哥本哈根展出。在他向妻子描述他寄去的作品时，他解释说，为了迎合所有人的口味（丹麦人似乎比巴黎人更为保守），他挑选了一些相对“甜蜜”或者说温和、更容易被人接受的画作，主要是一些风景画和风俗画，也选了一些他觉得“放肆的”或难以令人接受的画作。有趣的是，即使在塔希提，高更也继续在用这些商业术语来描述自己的作品；的确，这种做法显然能让他各式各样的画更好地适应市场的各种需求，也能让有些原本看似前后不一的作品更加合理化。

为了帮助梅特回答评论家们的问题，高更特地为她解释了那些他认为比较难理解的作品的含义，包括他很看重又深知一定会被误解的
156 裸体画《死亡的幽灵在注视》(*Manao tupapau/The Spirit of the Dead*
155 *keeps watch*)，以及《圣山》。比如，他解释道，《圣山》中的寺庙
是用来进行祈祷和人祭以此享乐的，不过人们怀疑，这一想法会让他的欧洲受众们感到恐惧和战栗。关于《死亡的幽灵在注视》，他则解释说，女孩脸上的恐惧是出于她对亡灵的惊恐。“我不得不尽可能少地用文学手段来解释这种恐惧，”他说，“就像以前做的一样。于是我就这样做了。人们看到紫罗兰色、深蓝色和橙黄色，他们感受到的和谐、忧郁、悲伤、恐惧像丧钟一样在心中敲响。首先，我把亚麻布涂成了黄绿色，这是因为当地的亚麻布和我们的不太一样（是用敲碎的树皮制成的）；其次，因为它会打出光或者暗示灯光（这个野蛮的女人从不在黑暗中睡觉），但我不想要任何打光效果（这很常见）；第三，这种黄色连接了橘黄色和蓝色，就像一篇乐章一样和谐。”

毫无疑问，《死亡的幽灵在注视》是高更著名的美丽且完美的画作之一。女孩身体的流线和装饰细节赋予了它一种安格尔笔下的宫女般的细腻品质，堪称感官享受，而天鹅绒般的深色油彩，经前景中醒目的黄色衬托，再加之女孩脸上戏剧性的紧张感，产生了一种富有张力的神秘气氛。塔希提人普遍对恶灵和鬼魂感到恐惧，他们认为人活着的时候能看到鬼魂以人的形象出现，因此画的背景中出现了一些古怪、阴郁的人物。

据《诺阿·诺阿》记载，高更入画的模特儿就是他年轻的新娘泰哈玛娜。他很明智，没有向梅特说过这一点，梅特只知道有一个年轻的塔希提女孩为他打点家务。我们可以认为，他这么做主要是为了进一步发展他的艺术抱负，能够帮他解决计划中的裸体题材画作。很明显，他把这位“妻子”看作是一种可有可无的资源，并打算在几个月后离开她，搬到马克萨斯群岛去。马克萨斯群岛比塔希提更偏远，据说民风更为原始。这样无耻地剥削原住民的做法在当时可以说是司空见惯的。《死亡的幽灵在注视》画出了女人年轻的身体。高更承认，如果他画的是一个欧洲模特儿，这种姿势会被认为十分不雅。此外，他利用泰哈玛娜对鬼魂的真实恐惧和迷信，给自己的画赋予了一种神秘的象征性光环。两年后，在他无望与梅特复合后，他记录下了这段奇怪而短暂的不平等的婚姻经历。他在《诺阿·诺阿》中对这段经历的描写无疑是为了撩拨他的男性读者。他的描写在某种程度上是虚构的，用了华丽的辞藻，令人想起皮埃尔·洛蒂在1879年首次出版的关于自身的塔希提婚姻经历的流行小说《洛蒂的婚姻》。部分描述也有可能出自夏尔·莫里斯之手，他作为《诺阿·诺阿》里的象征主义诗人和高更一起合作撰写了这本书。当这本书的第一版于1901年出版时，莫里斯觉得自己有道义上的义务去原谅高更娶这么年轻的新娘的行为。高更毫不犹豫地指责他同伴的这种伪善，虽然他自己似乎也逃不过这种指责。

高更需要保持满满的自信和乐观，来帮助自己度过漫长的等待，等着在法国政府的资助下回国。他在塔希提待了11个月，终于第一次承认了自己的贫困。官僚机构拖延起来似乎没完没了，但内政部最终还是允许他自由遣返，他在1893年6月14日启程回到法国。这次航行花光了他仅有的几笔积蓄，特别是他还选择多花钱坐了二等舱。当高

156上图《死亡的幽灵在注视》，1892年

157下图《死亡的幽灵在注视》，1894年

更大概两个月后到达马赛时，他发现自己因缺乏资金陷入了困境，不得不等待巴黎那边的汇款，对此他大为光火。

正如高更在塔希提向塞吕西耶解释的那样，他迫不及待地想回到巴黎，这样他就可以“搅乱一池水”。海上旅程结束后的1893年的秋天是高更职业生涯中一段忙碌到难以置信的时期。在德加的帮助下，杜兰德-鲁埃尔首次提出为高更举办个人画展。在高更和杜兰德-鲁埃尔达成协议后，他不仅要把计划在两个月内展出的40多幅油画进行拉伸、裱框，还要确保媒体进行铺天盖地的报道，吸引一批对味的观众。他已经离开都市生活两年多了，为了这次画展，他需要了解所有的八卦信息，了解艺术界发生了什么，了解自己现在的声誉如何。

高更给妻子写了一系列长吁短叹的信，觉得她在自己需要她的时候辜负了他，并要求她传递一些当年3月底举行的哥本哈根展览的消息。他特别想听听评论家们对那场画展的反应和销售情况，因为这些信息决定了他在巴黎举办的第二场画展能否成功。高更计划用自己带回来的绝对新奇的作品席卷全城。他很快得知，在哥本哈根的展览上，只有一幅塔希提题材的画作被卖给了梅特的妹夫——报纸编辑兼政治家爱德华·布兰德斯（Edvard Brandes），那是一幅《塔希提女人》的变体画（顺便说一句，在高更离开期间，布兰德斯已经在梅特的财务方面扮演了相当重要的角色，买下了她丈夫高更以前收藏的几幅印象派画作。高更似乎对他的这种干涉不满，后来试图买回塞尚和毕沙罗的画作，但没有成功）。至于评论界的反应可能让高更受到了鼓舞，因为并非所有的丹麦评论都是负面的：他多种多样的才华已经在媒体上得到了体现。梅特是否把这些评论全面地转达给了高更还很难说。高更的作品不可避免地被拿来与“疯子”文森特·凡·高的作品进行对比，因为这两位艺术家的作品第一次在哥本哈根并排展出，但绝不会是最后一次，高更对此可能感到比较焦虑。如果他听到过某些记者的评论，可能会看到自己最担心的事情发生了：与凡·高作品中所体现的强烈的生活气息一对比，高更的作品就被认为是“苍白无力”且“千篇一律”的。这并不奇怪，因为高更近期的塔希提作品中只有10幅在哥本哈根展出过，绝大部分是他早期的油画。

让高更在这个时候坐立不安的另一个原因可能是，在免费展览时期，一本凡·高写给埃米尔·贝尔纳的信的摘录得以出版，其中许多内容都和他直接相关。这些摘录刊登在丹麦报刊和《风雅信使》（*Mercure de France*）上，尽管相关的当代艺术家都用了化名，但知情者都知道那就是高更。他在凡·高的悲剧人生中所扮演的角色无疑是他不在巴黎时咖啡馆里广为流传的谈资。埃米尔·贝尔纳倒是在高更不在时努力编辑这些信件，发表一些艺术评论，他不想让高更难堪。不知高更是不是为了从流言蜚语中脱身，暗示自己无罪，他突然决定亲手编写凡·高的回忆录。1894年1月，他在《自由艺术》（*Les Essais d'Art Libre*）杂志上发表了一篇讽刺性短文，描写了凡·高早期的传教热情、基督教慈善事业、对创造奇迹的信念，以及他显而易见的天赋，还有他对黄色的痴迷。这篇文章，主要就是为了强调凡·高的"疯狂"。

在高更看来，巴黎的环境在其他方面似乎更有利于人们对他的塔希提新作品的理解和欣赏。在他离开的两年里，象征主义思维广泛传播，他那些年轻的纳比派追随者的地位有了显著提升。除了保罗·塞吕西耶和莫里斯·丹尼斯，纳比派里还有爱德华·维亚尔（Edouard Vuillard）、皮埃尔·勃纳尔（Pierre Bonnard）、保罗·朗松（Paul Ranson）和克泽维尔·鲁塞尔（Ker-Xavier Roussel）等才华横溢之辈。纳比派和象征派经常在贝尔克·德·布特维尔（Barc de Boutteville）的画廊里展出新创作的平面装饰画。布特维尔是一位最近才投身于新艺术事业的商人，象征派的报纸里也经常报道他的事迹。上述的名字也出现在演员奥雷利昂·吕涅-波（*Aurelien Lugne-Poe*）领导的象征派戏院的首次试演中。1893年10月，他开办的剧场推出了首次北欧戏剧季。由维亚尔设计细节和装饰的易卜生（Ibsen）的《人民公敌》（*Un Ennemi du Peuple*）的开幕式，恰巧撞上了高更于11月开幕的个人画展，夏尔·莫里斯认为，这两项艺术活动一样重要。当然，这两场活动吸引的观众群体有所重合。一个剧作家，一个画家，可以说易卜生和高更是在不同层面关注艺术家从令人窒息的资产阶级习俗中解放自己的斗争。不同的是，易卜生把这种斗争戏剧化地置于现实家庭环境中，而高更色彩斑斓的原始田原诗则展现了人们为之奋斗的目标和取得解放的回报。

事实上，就在高更的画展开幕前的一年半，杜兰德-鲁埃尔的画廊已经成为萨尔·佩拉丹（Sâr Péladan）自封领袖的罗斯+克鲁瓦团体的第一个沙龙（佩拉丹还从高更以往的同伴中招募到了一批追随者，比如埃米尔·贝尔纳和夏尔·菲利格），这一点也许与高更以及他的作品将被如何看待和解读有很大关系。这个画廊的画展专注神秘的有宗教寓意的艺术品，结果大获成功。尽管高更对许多参展的自然主义、学术风格感到厌恶，但他们的成功无疑是这个时代的标志，高更内心也一定希望自己的展览同样能够唤醒公众的兴趣。当他得知他的朋友菲利格现在得到了安托万·德·拉罗什富科伯爵（Count Antoine de La Rochefoucauld）的资助时，他既好奇又嫉妒。安托万·德·拉罗什富科伯爵是贵族出身的赞助人，也是一名业余画家兼诗人，玫瑰十字会运动最初就是由他发起的。高更也很快地博得了伯爵的同情，还把自己最具玫瑰十字会风格的作品《万福玛利亚》献给了拉罗什富科，供他在自己资助的神秘的新象征派杂志《杰作之心》（*Le Coeur Illustré*）中进行临摹。

罗杰·马克思（Roger Marx）和奥克塔夫·米尔博（Octave Mirbeau）都是评论家，高更对他们会继续支持自己很有信心，毕竟在他离开那一年，他们都对他赞誉有加。但1892年10月，艾伯特·奥里耶英年早逝，他的哲学文章向来举足轻重，这使得高更失去了一位雄辩能手。高更以夏尔·莫里斯两年前未能将艺术剧院慈善演出筹得的钱寄出为由，委托他为自己的画展目录写一篇序言。回到巴黎后，高更在塔希提的年轻助手惹恼他的事很快就被他抛诸脑后。

当高更的画展开始的时候，已经有群情激昂的媒体猜测他是和他的“塔希提黑女人”一起回来的，就仿佛这位艺术家从一次探险中带回了一个人类活体标本般兴奋（也许记者们联想到了1889年世界博览会里的土著村落）。虽然他们的反应并不是多么正面，但从某种意义上来说，高更仍然是一个名人，他的画展马上吸引了媒体的大量关注。高更应该庆幸自己回来的时机刚刚好。正如他所料，这些评论家们跟往常一样针对塔希提在公众心目中的形象发表了陈词滥调，都是一些在阅读旅游文学和皮埃尔·洛蒂文学时积累下来的观念。

不难想象，那些在寒冷的11月从城市街道走进来的第一批游客会对这满屋子的油画感到多么惊艳。这次画展的明亮色彩、装饰风格比高更之前的任何展览都更加一致。值得注意的是，参观者几乎在每一

158左上图《万福玛利亚》，1891年

159右上图《万福玛利亚》，1894年

160左图《万福玛利亚》(题写着“致拉罗什富科伯爵”)，1893—1895年

幅画中都能看到高更的梦想——他那“自然的”、不装腔作势的、原
162 始的夏娃。她身上有一种动物般的轻盈姿态，就像简单到惊人的《独
自》(*Otahi*) 所展示的那样（那双脚的颜色和姿态巧妙地掩盖了德
156, 163 加笔下的缺陷）。在《死亡的幽灵在注视》和《月球与地球》(*Hina*
161 *Tefatou*) 中，她展现了黑暗又阴郁的神秘感。《海边》(*Fatata te miti*)
中纯粹的快乐和放纵同样让人沉迷。优雅的巴黎姑娘们和她们的同伴一定会被这种蕴含着自信的新的美学法则所震憾。

高更坚持使用这种陌生的语言来为画作取名，还决定采用他认为十分野蛮的黑白风格目录，就是想试图强调他与彬彬有礼的文明和观众狭隘的视角之间的距离。莫里斯的序言极有可能是在高更的直接指导下撰写的，引入了塔希提的传说，并在很大程度上按照奥里耶早期对象征派的定义来呈现高更的画作，从而暗暗警醒观众不要期待以纪录片或现实主义的方式来观赏塔希提题材的作品。序言里还对展览中一些较为深奥的作品进行了简要的解释，比如《月球与地球》和《死亡的幽灵在注视》。疑云重重的一点是，高更去塔希提可能不是为了寻找新奇的题材，而是因为他的精神在欧洲文明的桎梏下过于紧绷。莫里斯写道，高更长期居住在塔希提，“作为一个本地人”，他已经深入塔希提的腹地，领悟到了塔希提的精髓，凭他身上流淌的印加血统，本能地与塔希提的原始特征融为一体。现在看来，莫里斯的介绍有些含糊其词，还存在一些误导，但他至少清楚地表明了高更的作品是在试图复兴一去不回的天堂，“越过可怕的水手，越过皮埃尔·洛蒂先生的糖衣炮弹，看到了塔希提的美”，他甚至把塔希提如今的形象融合
131 到了它昔日的辉煌中——这也就是《万福玛利亚》背后的寓意。

不过对那些不喜欢高更作品的人来说，莫里斯的序言也无疑可以被斥为是“颓废”的“现代主义做派”。从表面上看，莫里斯被右翼杂志《自由》(*La Libre Parole*) 误解为以色列人，这代表着当时非理性的反犹太主义已经在法国蔓延。不过还是有许多评论家从莫里斯的序言中找到了头绪，得以接近并解读高更的作品：奥克塔夫·米尔博在《巴黎回声》(*L'echo de Paris*) 中，假借高更的画展进一步对皮埃尔·洛蒂展开了谩骂，并描写了另一幅明显浪漫化的肖像来表现高更的“回归野蛮”，以及凭他的直觉对神秘的塔希提的理解。正如我们所见，米尔博致力于无政府主义事业，因此对高更反叛社会的立场表

示了钦佩。这种政治立场具有相当大的意义，因为就在对高更画展的评论大量涌现的那个月，无政府主义者对资产阶级组织发动了一系列暴力袭击：他们在下议院里安了一枚炸弹。菲力克斯·费内翁则是另一位坚持无政府主义思想和实践的批评家，他也因此而受审，并在第二年面临监禁。尽管他当时已经放弃了艺术评论事业，但他还是抽空观看了高更的画展，并在《无政府主义评论》(*La Revue Anarchiste*)中提及了这次画展：“在杜兰德-鲁埃尔的画廊里展出的保罗·高更从塔希提带回来的装饰性油画，既野蛮又华丽、沉默，透着无言的力量。”

高更对无政府主义的态度很捉摸不定。他似乎认同无政府主义哲学的许多基本原则——相信个人自由，反对多种形式的国家权威、教会，等等。不过他声称自己对政治不感兴趣，也不懂政治。但高更本来就是个投机取巧的人，就当时而言，他摆出一副无政府主义者的姿态可能很合时宜，也很有话题点。毕竟，他总是在自画像中为自己营造一种反英雄形象，我们也可以从曼扎纳·毕沙罗为纪念高更的个人画展而画的趣味水粉画中看出，他回归“文明”时故意炫耀自己的奢华服装，就是有意让人感到震惊。然而，在毕沙罗和保罗·西涅克等坚定的无政府主义者看来，高更的生活方式和当时他对作画题材的选择回避了社会的耻辱点，代表着一种对资产阶级的“出卖”，迎合了日益增长的反动情绪。当然，高更的作品也有一群保守的艺术赞助商，比如丹尼斯·科尚（Denys Cochin）和亨利·雷罗尔（Henri Lerolle），甚至德加和丹尼斯对他的支持也可能让他在更为激进的艺术家眼中饱受质疑。

164

抛开政治因素不谈，高更已不再年轻，无法再以他早期职业生涯中那样的精力去承受评论家们的恶评。1893年和1894年，大多数评论家似乎都已经倾向于认真看待他的作品。即使他们对塔希提语的标题感到很恼火，并打算忽略题材之间的相关性，但他们还是注意到，有些人确实对高更的油画形式和大胆用色感兴趣。只有最保守的那些批评家对高更的失真合成风格感到不安，就像其他在巴黎创作这种风格的创新画家一样，以至于他们根本没注意到画的主题。

161下一页上图《海边》，1892年

162下一页下图《独自》，1893年

Fatata te Miti
P. Gauguin 92

Otahi

163《月球与地球》，1893年

塔迪·纳坦松（Thadée Natanson）在《白色评论》（*La Revue Blanche*）中的评论很不寻常。他有一种洞察力，能透过新奇的异国情调题材，自如地引用更传统的西方艺术。事实上，他也对高更过于依赖这种新奇的风格而不去尝试真正的风格创新颇有微词。实际上，正是基于这些原因，一些艺术家同行继续对高更的成功吹毛求疵，尤其是毕沙罗，在他看来，高更是在“从野蛮人那里偷东西”。一篇可能由罗杰·马克思写的评论则较为典型，他提出了纯粹形式化、图画式的观点，这些观点在大约20年后被富有影响力的英国评论家罗杰·弗
156 赖伊（Roger Fry）重申。这位评论家格外坦率地鉴赏了《死亡的幽灵在注视》，他认为标题和注释完全没有必要，“如果我们非得去理解作者的隐藏意图，也许确实会有点困难。一个年轻的塔希提姑娘平躺在一张类似床的东西上……高更在这里是想画一个波利尼西亚风格的《奥林匹亚》吗？还是说，重点纯粹是丰富的元素？还是我们应该假

164 曼扎纳·毕沙罗，《站着的高更肖像》（*Standing Portrait of Gauguin*），约1906年

设它是一个明确的象征符号？我说不上来，但是这个青铜色的身体，还有她那无光的肉体是那么坚定又一丝不苟，仿佛一动不动，画得那么精细，细节也全部到位，既非常华丽，又看似十分简洁，我很高兴能欣赏到这样一件作品。”

这是高更收集并粘贴在笔记本中的众多剪报之一，我们可以由此看出，高更很高兴被人用这些正式的画家式术语来谈论。他把这本笔记本送给了他的女儿阿琳。当然，这种行为清晰地表现出了他自我辩护的心态，并想在他最心爱的孩子眼中塑造一个高大的形象，但是一想到他的女儿没能活到收礼物的那一天，这个举动看起来就显得格外心酸。法比恩·维拉德（Fabien Viellard）对高更的画家身份和思想家身份有着同样的崇拜之心，如果高更能得到法比恩·维拉德在《文学艺术》（*L'Art Littéraire*）中不遗余力的赞扬，也许他会更开心。他从高更描绘笼罩着灿烂阳光的热带地区的画作就开始对高更感兴趣，就好像高更还在举着印象派的旗帜创作。他还赞扬了高更对塔希提人的理性认知，他觉得这可以与他对布列塔尼人的同情相媲美。但最合高更心意的只有阿奇尔·德拉罗什（Achille Delaroche）在《静僻之地》

165《神秘的水》（*Pape moe/ Mysterious Water*），1893—1894年

166《神秘的水》，1893年

（*L'Ermitage*）一书中进行的哲学解释，高更认为这是最接近他所追求的事物的解释。德拉罗什受到了艾伯特·奥里耶的启发，抛开所有关于高更真真假假的新奇传闻，抛开关于他画技风格和历史起源的重重疑问，从一个更纯粹的主观角度来欣赏这些作品，也就是把它们当成“装饰画”来观赏。“这些原住民的平和震撼了我们看似优雅实则乏味的虚荣心！在他们天真、任性的眼眸中，仿佛能看到新鲜事物的无限奥秘。对我来说，这些画是不是准确再现了现实中的异国景象好像已经不再重要。”他深深沉迷其中。在德拉罗什看来，高更的艺术似乎有一种能够解决意识与无意识之间的冲突的神秘力量。在高更看来，这位评论家真正接受了自己作品中蕴藏着的神秘内核。

客观来说，高更认为他的个人画展很成功，再加上同时代的德加、马拉美，甚至包括毕沙罗等人的奉承，更是帮助他树立了信心。但包括夏尔·莫里斯在内的某些评论家都认为高更的这场独角戏是一次灾难性的冒险，似乎没理由以这么顺利的方式结束。这次画展中令人失望的仅有销售成果。44幅画中只售出了11幅。高更向妻子解释了卖不出去的原因，把原因归咎到自己不得不为达到杜兰德-鲁埃尔的标准而开出的高价（每幅2000到3000法郎）上。他既不沮丧，也不自满，只认为很有必要保持住这个宣传势头，于是他开始写一系列的
167 文章，包括关于他在塔希提半真半假的经历，并把这本书命名为《诺
170 阿·诺阿》，意思是“香味馥郁”，他相信这本书能帮他加深公众对他的塔希提作品的认知和理解。出于实用性和艺术性的双重考虑，既要突出一个巴黎世故者的观点，也要涵盖他自己的原始朴素想法，他同意了与夏尔·莫里斯的合作［当然，正如尼古拉斯·沃德利（Nicholas Wadley）指出的那样，高更假装自己既野蛮又原始，这很虚伪］。高更脑子里想着《诺阿·诺阿》，又创作了10幅系列木版画，这是他在这种创作媒介上的第一次实验，很快就有收获。在对版画的探索中，他把自己绘画作品中已经用过的题材又重新使用了一遍，表现了生命周期中的各个阶段。《诺阿·诺阿》主要讲述了高更作为一名画家在塔希提岛安顿下来后的感受和经历，以及他与岛上居民的有限交流，还有随后的那段婚姻。这些私人回忆中穿插着塔希提的传说片段，据说都是从他年轻的新娘口中听到的，不过其实是抄了《毛利古文化》，因此实际上这些传说直接来源于玛利亚环礁岛。木版画的主题都是从

167《诺阿·诺阿》，1894年

168 这些传说中衍生出来的。高更把它们剪下来，和水彩画或照片一起贴
169 在自己的手稿上，从而创作出有趣又有意义的拼贴画。

《诺阿·诺阿》让高更有了制作版画的目标。不过除此之外，他不可能没注意到在巴黎先锋派中，印刷业，尤其是彩色平版印刷的重要性日益增长，他无疑也有跻身这一前沿行业的强烈愿望。高更在技术方面的强大竞争力，以及他愿意在各种不同媒介上进行实验和创新的热情，这两点在他的职业生涯中都从未改变。尽管木版画有着悠久的传统，但它在某种程度上是一门被忽视的技术，高更、奥古斯特·莱佩雷（Auguste Lepere）和菲力克斯·瓦洛东（Felix Vallotton）等艺

168左上图《诺阿·诺阿》卢浮本第57页，附木版画《众神》（*Te Atua*）中的希纳和特法图、一张塔希提女孩的照片和水彩画

169，170右上图与左下图《诺阿·诺阿》卢浮本第75页和第67页，附木版画和水彩画

术家则携手成为木版画复兴的先驱。如果说高更的木版画中刻意展现的粗犷原始主义在19世纪90年代还显得有些不合拍，那么在接下来的十年里，这种风格却给了德国表现派画家们无限的灵感。从某种意义上说，高更的木版画只是他的木刻作品的简单翻版，用普通木匠的凿子和浓郁的墨水，创造出有时具有暗示意义，有时又果断大胆的原始图像，并加上色彩点缀，让它们作为装饰品更富有吸引力。

大约也是在这个时候，高更还创作了另外两幅以塔希提为主题的
重要油画，证明这些图像还保留在了他的记忆之中，可以随心回想起
173 来。《耶和华的日子》(*Day of God*）是一种关于古代塔希提宗教仪
式的幻想，但金字塔的设计，围绕着中心神像对称排列的礼拜者，莫
名地让人想起安格尔为卢浮宫设计的精巧古典装饰画——《荷马的
174 礼赞》(*The Apotheosis of Homer*)。《甜蜜的梦》的背景中也在举行
着类似的宗教仪式。1894年初，画作完成后不久，高更在画商贝尔
克·德·布特维尔举办的一次群展上，把这幅油画和纳比派的作品放在
172 一起展出。无论是在这两幅画中，还是在他的新模特儿安娜（印度和
马来西亚的混血儿，看起来像爪哇人）热辣大胆的全身肖像画中，高
更用小块的朱红色和铬黄色衬托出他最喜欢的和谐的粉色和蓝色，在
装饰性抽象和色彩简化上达到了一个新水平。

171 对高更来说，1893年和1894年在蒙帕纳斯市维辛格托里克斯街租
的一间画室里的冬春两季也属于他社交繁忙的一段时期，没辜负他作
为塔希提著名艺术家的声誉。他把墙壁漆成铬黄色，那些色彩鲜艳的
作品和雕刻营造了一种强烈的异国情调，几位拜访过他的人都对此记
忆犹新。他通过邻居莫拉尔一家（Molards)，结识了一群有教养又有
活力的斯堪的纳维亚人。他还参加了巴黎的开幕式——比如就有人在
火星沙龙（Salon du Champ de Mars）见过他。他还前往布鲁塞尔再
次参观了新成立的自由女神沙龙（Salon de la Libre Esthétique，二十
人社集团继承者）的首次画展。他当时做出一个很典型的挑衅举动，
131 提出将自己最珍贵的塔希提油画《万福玛利亚》捐赠给卢森堡博物
馆，但被毫不留情地拒绝了，这一次的事件进一步证实并加重了高更
对官场的仇视。

很难说高更究竟是如何设想自己长期的未来的。在1893年12月之前的信中，他和梅特显然聊起了家庭团聚的可能性——也许能在挪威

171 1894年，高更和朋友们在他维辛格托里克斯街6号的画室里。人物包括保罗·塞吕西耶和安娜等

海岸的一处渔民小屋重聚。然而在1894年的头几个月里，事情完全陷入僵局，梅特最终断绝了与高更的联系。高更似乎无意与她分享他幸运地在奥尔良的叔父那里得到的1.3万法郎遗产，梅特很愤怒，这似乎就是压断他们关系的最后一根稻草。

当然，1894年4月，高更决定回到蓬塔旺，更多的是出于怀旧和想见老朋友的心情，而非为进一步创作布列塔尼画作。事实上，也没有其他地方能让他有家的感觉。高更给人的印象是他很享受自己的恶名，喜欢穿着奇装异服，在安娜和她的猴子的陪伴下出尽风头。继承了这笔遗产后，他的生活比以前更加奢侈了。此外，蓬塔旺画派中有许多年轻画家，无论是新画家还是老画家，他都可以向他们介绍他在塔希提的经历。据我们所知，高更到处吹嘘自己的性经历，在康加尼与水手打架导致脚踝受伤，还与当地政府存在法律纠纷。他似乎已经接受了这样一个设定，那就是从今以后，他必将不辜负他的妻子和其他人赋予他的放荡不羁的形象，他不再伪装成一个受人尊敬的顾家

172《爪哇女人安娜》(*Anna the Javanese*)，1893—1894年

173上图《耶和华的日子》，1894年

174下图《甜蜜的梦》，1894年

175《两个塔希提妇女》(*Two standing Tahitian women*),1894年,献给塔米·巴文(罗伯特·贝文,Robert Bevan)

男人。令与他结交的年轻英国艺术家罗伯特·贝文和罗德里克·奥康纳(Roderic O'conor)印象深刻的就是他那酒醉金迷的奢侈生活和他那种愤世嫉俗的世界观。

在此后很长一段时间里,他几乎没有完成几幅画。回到巴黎后,他发现自己的物品被无信无义的安娜洗劫一空(然而,她却把他的作品都完好无损地留下了)。高更于12月2日至9日开放了他的工作
140 室,邀请评论家来欣赏他新完成的木版画和单色画。朱利安·勒克莱克(Julien Leclerq)在《风雅信使》杂志上发表的一篇文章中,对高更
175 版画的高超画技大加赞赏,还把他画水彩单色画的新方法誉为“革命性的”技术。事实上,这种方法以前就曾有人用过:德加也以同样的方法画过单色画。在高更乐于尝试新作画媒介的热情之下其实藏着他不愿意尝试新题材的想法,也证明他对自己手头上的各种题材还是满意的,还有随意修改的余地。

第7章
最后的流亡（1895—1903年）

1895年2月18日，在高更永远离开欧洲之前，他再次将自己现有的所有作品出售。不幸的是，他没能成功复制4年前的成功经历，大多数作品都卖不到他的要价。德加之前也曾为高更做过担保，这次他
143, 也买下了几幅作品，包括《拿着杧果的女人》和《奥林匹亚》(马奈
113 仿画)。这种不变的信任肯定让高更倍感安心，尽管他对总体结果感到非常失望，他仍然没有完全迷失自己的方向。

为了宣传销售自己的作品，高更如同以前一样，请著名的文学大家——瑞典剧作家奥古斯特·斯特林堡（August Strindberg）为他的销售目录写序言（奥古斯特的戏剧当时正在巴黎观众之中风靡）。斯特林堡回信拒绝了高更的邀约，给出了他觉得自己无法胜任这项任务的原因，并试图解释为什么高更的“野蛮”作品让他如此不安。当然，高度文明的欧洲人的这种不安在高更看来反而是好事，他发表了这封信，并附上了自己的回复，试图回答斯特林堡的一些疑问。“你的文明催生出的你想象中的夏娃几乎让我们所有人都厌恶女性；在我工作室里的原始时代的夏娃，可能现在会让你大吃一惊，但也许有一天她的微笑不会再如此痛苦……我画的夏娃，只有她可以在我们面前自然地赤身裸体。而你不可能不为这种一丝不挂的状态下的一举一动感到羞愧，而太美也许会招致不幸和痛苦。”他通过语言学上的类比，将他的夏娃所表现的“天然”、纯粹的语言与欧洲那些经过润饰、富于变化的语言进行了比较，扩展了自己的论点。

高更没有心情听取别人的建议或警告，他觉得在欧洲再待下去也没有什么好处，看不到与家人团聚的希望，也再无在敌对环境中继续

176《美妙的尘世》(*Te nave nave fenua/Delightful Land*)，1892年

177左图《奥维里》(*Oviri*)，1894—1895年

178右图《奥维里》，1894—1895年

生存斗争的意志，而在塔希提温和的气候和友好的气氛中，这种斗争
都显得容易忍受得多。他再次动了去塔希提的念头，这一次不是为了
能凯旋归来，也不是为了去进行重要创作。他获得的成就已经足以让
178 他的名字流芳。事实上，他最新的陶瓷作品——雕塑《奥维里》暗
示了高更的幻灭状态：这一作品是对他自我认同的“野蛮”观念的非
凡体现，融合了男性和女性元素，以及出生和残酷死亡的概念。实际
上，本质上来说，高更第二次离开的动机充满了负面因素：逃避欧洲
的衰落，逃避自己该承担的责任，以及对无法脱离自己精心打造的叛
逆、原始的局外人形象的无能为力。这种形象让他在巴黎或布列塔尼
的大街上到处都有狂热的追随者，但同时也使得他再也无法在法国恢
复正经的私人创作事业。在他对巴黎艺术界深感幻灭的原因中，尤其

重要的一点是，在1895年6月的《风雅信使》中，埃米尔·贝尔纳对他的正直进行了猛烈攻击。随后，双方展开了言辞激烈的通信，争论的焦点是他是否名不副实。这一次，高更没有加入辩论，而是让其他人代他说话，以绅士的方式退出了舞台。

对于高更来说，精打细算到此为止，冲动还是占据了上风。早在1889年，他就对妻子说："你知道的，我要么算计（而且算计得很妙），要么压根不算计，掌控自己的梦想，眼光只看前方，赤膊上阵。"高更的第一个传记作家让·德·罗顿尚曾说，如果高更能更谨慎地规划自己，本可以确保自己在余生有一份固定收入。刚要正式开始推销塞尚和纳比派作品的安布鲁瓦兹·沃拉尔（Ambroise Vollard）从高更的拍卖会上买了几样东西，并准备让高更定期提交作品作为回报，以稳定资金流支持高更。然而，当高更离开巴黎时，他只与一家名叫乐维（Levy）的咖啡馆老板和一个小艺术家乔治斯·肖代（Georges Chaudet）达成了最简单的财务协议，虽然他们很快就食言了。后来，他想成立一个由15个赞助商组成的财团，每人每年向他投资150法郎，但是由于没有先例可循，这个打算也没能成功。回到塔希提后，高更奢侈的消费很快就耗尽了他的积蓄。1895年9月刚抵达时，他就着手在普纳奥亚建造了一所宽敞的定制住宅，还不惜花费巨资打造了一间工作室。到了1895年11月，高更又开始给德·蒙弗雷写求助信了，向他抱怨自己的健康状况。

他脚踝的伤持续了两年，一直没有痊愈，不仅是由于高更推测的热带气候原因，1895年诊断出的梅毒也有影响——这一点也被认为是加速了他在1903年去世的因素之一。在高更生命的最后几年，他的行动能力严重受限，还要忍受相当大的疼痛，在医院待了很长时间；他只能待在工作室里，虽然他早已习惯了这种工作模式。随着高更对塔希提题材的重塑越来越天马行空，他把自己早期的想法都重新进行整理、延伸和循环利用。然而，在这最后的几年里，他还是缺乏与自然的必要接触，无法恢复活力。高更严重依赖巴黎定期免费寄来的《风雅信使》来刺激自己的艺术思维。

1895年，在他最后离开前不久，他持有了《风雅信使》的股份，毫无疑问，他很好地消化了那些内容。这是他了解艺术界和外面广阔世界最新动态为数不多的手段之一。但是，奥里耶的早逝给《风雅信使》留下了空缺，这个空缺被一个自命清高的年轻诗人卡米耶·莫克莱尔（Camille Mauclair）给填补了，而其对高更的艺术评论显然十分不友好。作为股东，高更毫不犹豫地向《风雅信使》的编辑阿尔佛雷德·瓦莱特（Alfred Vallette）表达了对这种不一致态度的不满。事实上，到19世纪90年代中期，《风雅信使》不再占据主流地位，不再是先锋思想的主要阵地。取而代之的是《白色评论》，这是一本更加中立的无政府主义评论杂志，十分拥护纳比派和巴黎冉冉升起的新星——亨利·德·图卢兹-罗特列克（Henri de Toulouse-Lautrec）。1897年11月和12月，莫里斯出版了第一版无插图的《诺阿·诺阿》，这一举动惹恼了高更。

在1895年的最后几个月里，高更没有完成任何绘画作品，但刻有
180 十字架上的基督的木制圆柱艺术品可能是从这个时期就开始着手创作
了。这是一件组合了最传统的基督教符号与马奎森战争俱乐部图案的古怪作品。它常见的外形和精致的表面装饰可能说明高更最近在新西兰奥克兰的博物馆里看到过一组优秀的毛利手工艺品，证实了他在旅行途中曾在那里停留过的事实。博物馆展示了毛利人的住宅，有雕刻精美的门楣和支柱，还有祖先首领的独立木雕像，其中至少有一尊曾出现在高更后来的一幅画作中。他画了一些抽象的几何图案草图，装饰在塔希提以及后来在马克萨斯的小屋里，这是遵循了一些毛利人的装饰手法。他制作的那个木制圆柱艺术品有半米高，显然花了很长时间，并混合使用了宗教图案。高更可能对来自布列塔尼的类似混合符号雕刻很熟悉，当地工匠会将他们自己的基督教肖像雕刻在德鲁伊教
181 的门像上。这一雕刻作品也可以看作是高更对源自“原始”的艺术的
一次尝试。这里的基督受难像也不出所料地可能具有自传意义——克里斯多夫·格雷（Christopher Gray）指出，圆筒一侧的手足雕刻就代表着高更受感染的脚踝，象征着高更肉体痛苦的根源。

我们可以发现，高更的木版画和雕刻作品理念复杂，表面装饰精雕细琢，体现了他在1896年至1898年间创作的主要绘画作品的特点。
183 如果分别把他1896年和1897年画的两幅大型裸体画《国王的妻子》
187 （*Te arii vahine*）和《永不再，这就是塔希提》（*Nevermore, O Taïti*），
188 以及1897年和1898年的《我们来自何处？我们是什么？我们去往何
193 处？》和《塔希提牧歌》（*Faa Iheihe*）进行比较，我们就能看到这种

179 新西兰奥克兰博物馆南翼新展馆，1892年开展，展示毛利人住所里用于装饰的精雕版画

156 复杂性取得了某种进步。如果说高更的第一幅裸体画《死亡的幽灵在
注视》显而易见是由恐惧激发的，那么他后来的裸体画则更费心思，
构思更加巧妙。《国王的妻子》借鉴了德国文艺复兴艺术家卢卡斯·克
182 拉纳赫（Lucas Cranach）众多维纳斯像的其中一幅，同时也稍稍致敬
了马奈的《奥林匹亚》。这幅画背后的寓意似乎同样令人费解：高更
解释说，躺着的裸女是一位王后，他还提到了“大树旁边的两个老人
正因这棵知识之树而争论不休”。注释里表明，在高更“毫无羞愧之
心”地创作原始风格裸体画时，他仍然自觉地意识到了西方裸体画的
伟大传统，以及文艺复兴时期艺术家们最喜欢的主题，比如苏撒拿和
长老。

在高更所有形式的作品中，窃窃私语、挤成一团的人物都是他反
188 复使用的主题之一。《我们来自何处？》（全名省略）昏暗的画面中也
187 再次出现了这个主题，而《永不再，这就是塔希提》中呈沉思状的
一对人物似乎在戏弄躺着的裸女，她的眼神中流露出不安。概括来说，
在高更第一次停留在塔希提岛时，他就有了将两个交谈中的人物结合
在一起的想法，并且在他后期的作品中，这种想法确实无处不在。高

180本页左上与左中图 刻有十字架上的基督的圆柱艺术品，1896年

181本页右上图 竖石纪念碑

182本页下图 卢卡斯·克拉纳赫，《侧卧的泉源仙女》(*Sleeping Nymp*)，1537年

183下一页上图《国王的妻子》，1896年

184下一页下图《耶稣降生》，又名《上帝之子》，1896年

TE ARII Vahine

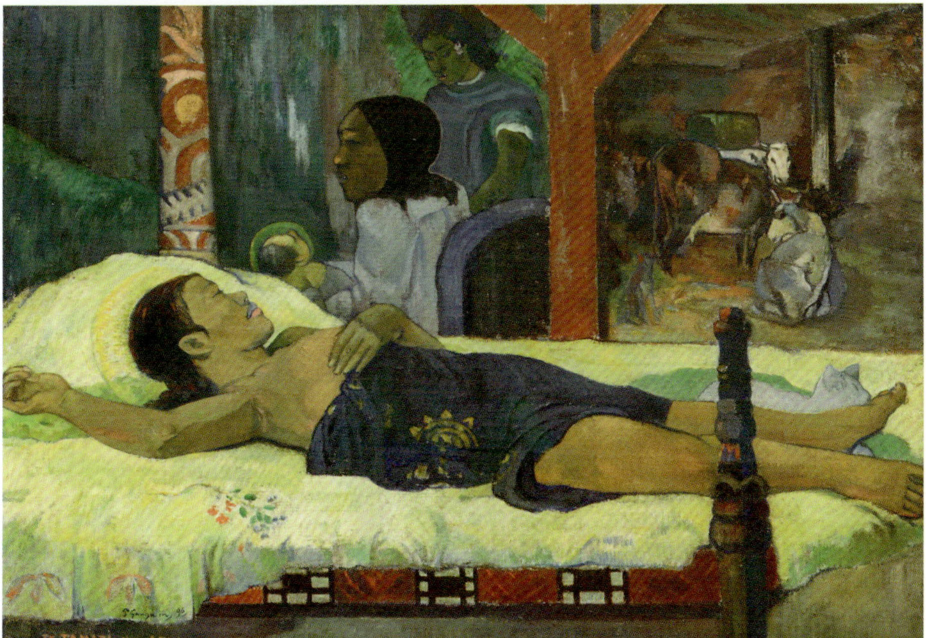
TE TAMARI NO ATUA

205 更创作于1902年的描摹单幅画是他后期广受好评的变体画之一，画中
的人物被缩小到只有头像，不再显得那么阴险或狡诈，满腹焦虑或沉
思，而是呈现出一种平静而独立的状态。

183 高更对自己在《国王的妻子》中丰富而鲜明的用色沾沾自喜，并
188 在《我们来自何处？》中沿用了这种手法，深蓝和深绿色让一簇簇明
亮的红色、橙色和粉色像宝石一样醒目，这是他后期塔希提调色板的
187 一大特色。《永不再，这就是塔希提》中则弥漫着一种更为柔和、阴
郁的基调，与埃德加·爱伦·坡（Edgar Allan Poe）诗中关于乌鸦那些
忧郁的叠句相得益彰。高更用粗笨的裸体形象调和了精致的背景，仿
佛每个装饰细节都充满了意义。这幅画的重大意义很大程度上要归功
于大胆的造型。作为一名画家，高更从未因沉浸平面创作而放弃三维
193 创作，尽管塞尚曾抱怨他"只会画中国风形象"。《塔希提牧歌》的

185《蛮族的诗》(*Poèmes Barbares*)，1896年

186上图《梦》(*Te Rerioa/The Dream*)，1897年

187下图《永不再，这就是塔希提》，1897年

188《我们来自何处？ 我们是什么？ 我们去往何处？》，1897年

用色更偏离现实，那丰富的黄色和金色让人想起早期意大利绘画中使用的镀金背景，呼应了桑德罗·波提切利（Sandro Botticelli）的《春》(*Primavera*)，高更曾把这幅画的临摹画钉在自己小屋的墙上。摆设朝向的杂乱无章在这幅画中达到了极致，植物、水果、树叶和动物似乎纯粹起着装饰作用。

高更后期职业生涯中最重要的一幅画无疑就是他在1897年底画的
188 《我们来自何处？ 我们是什么？ 我们去往何处？》。那一年，经济上的忧患、自身健康状况的恶化，以及女儿阿琳不幸去世的消息，让他陷入了深深的绝望。如果上天继续如此不眷顾他，他就打算自杀了结一生。与此矛盾的是，他从最近的作画过程中获得了满足感，重新点燃了他成为壁画画家的雄心。他决定要完成最后一件巨作，一件能让他死而无憾的里程碑式巨作。他向巴黎的德·蒙弗雷德订购了一批颜

料和画笔。拿到工具后，他开始在一块大约4米宽的画布上作画，这是他有史以来使用的最大的画布。高更说，他工作效率很高，不分昼夜地用大画笔在宽大的画布表面上一层一层地画，这不是素描或漫画，而是在高度紧张的状态下凭本能下笔。一个月后，高更满意地完成了这幅作品。他随后爬上山，吞下大量的砷，静待死神的降临。这一次，尽管他经历了骇人的疼痛和痉挛，但又一次死里逃生。回到工作室后，他在床上一动不动地躺了很多天，沉思着自己所完成的这一项伟大工作。似乎只有在这个悲惨的阶段，高更才有可能留下那些不祥的文字——高更后来解释说，这只是一种签名，是由这幅画引发的一种哲学思考，而非作品的名字。到1898年7月，当高更决定把这幅画送到法国展览并出售时，他对这幅画未来命运的好奇帮他消除了一部分之前病态的绝望情绪。

189《我们来自何处?》方格习作，1897—1898年

高更对这幅画的创作灵感和意义进行了大量的长篇叙述，德·蒙
弗雷德是第一个听到这些解释的人。但高更对自己创作过程中的一些
说法经不起推究，比如，他坚持说自己的创作是在没有预先设计或绘
制草图的情况下完成的。高更是想拉开自己和那些受过学术训练、要
靠精心准备才能作画的艺术家之间的距离，避免被拿来和他们进行比
189 较。然而，有一幅几乎与成品完全相似的方格草图被保留了下来，是
高更用水彩和红铅笔在描图纸上绘制的。此外，在他早期的作品中也
能追溯到一些画中人物的起源。站在中间正在从树上摘果子的最显眼
的人物来自他在卢浮宫画的一幅素描，当时还被误认为是伦勃朗的作
品。众多人物排列在宽大的画布上，有站立的，也有坐着的。所有
人物都相互独立，虽然其中有4个人物在以充满疑问的眼神凝视着观
众，但他们彼此之间显然没有任何关联性。像往常一样，高更故意把
人物的解剖和透视处理得很随意，这一点尤其体现在中间坐着的那个
人物。此外，他的构图与皮埃尔·普维斯·德·夏瓦纳（Pierre Puvis de
Chavannes）的壁画有许多相似之处。普维斯·德·夏瓦纳为鲁昂博物
192 馆创作的大型画作《在艺术与自然之间》(*Inter Artes et Naturam*）于
1890年在沙龙展出，高更应该很熟悉这幅画。

190上图 保罗·塞吕西耶，《蓬塔旺苹果丰收》（*La Cueillette de Pommes, Pont-Aven Triptych*），约1891年

191下图 保罗·西涅克，《和谐时代》（*Au Temps d'Harmonie*），1894—1895年

早在1891年，奥里耶就宣扬过高更有可能成为一名壁画师，呼吁
人们给他画壁画的机会。1894年，在德加的支持下，高更想接下一个
官方的壁画委任，但遭到了拒绝。不过，在19世纪90年代，装饰性
壁画曾风行一时，纳比派的丹尼斯和维亚尔、新印象派画家西涅克，
以及更为保守的沙龙画家亨利·雷罗尔和艾伯特·贝斯那等艺术家均是
这次大流行中的一员。高更不可能没有注意到，在他参观的欧洲展览
中，以及在布列塔尼的追随者中，装饰性画作的地位日益提升；尽管
190 规模小得多，但塞吕西耶在大约1891年创作的三联画的主题与色彩与
高更后来的作品有很多相似之处。对这些艺术家来说，普维斯·德·夏
瓦纳树立的榜样是对他们的一种鼓舞，大家都不可避免地对他进行了
效仿。大多数艺术家从普维斯的作品中得到启发，都倾向于概念性的
或者具有讽喻意味的主题，而非具体的或现实类的主题，这一点很
符合当时的反自然主义情绪。但这并不妨碍西涅克这样的艺术家利用
191 传统的黄金时代主题呈现出现代政治意义——《和谐时代》(1894—
1895年）就是对无政府主义统治下的未来田园生活的愿景。在高更看
来，这是一种想象中的过去式，一种人与自然和谐共存的原始田园诗，
这幅画可以说是表达了一种更为保守、怀旧的立场。高更的作品所展
现的问题可能涉及很多文学来源。苏格兰哲学家托马斯·卡莱尔连载于
《风雅信使》的《衣裳哲学》(*Sartor Resartus*）也突出了与其十分相
像的形而上学问题。

高更迫切地希望自己的伟大作品《我们来自何处？》(全名省略）
能在最有利的条件下展示给合适的观众，这一般是德·蒙弗雷德需要负
责的工作。在跨越了半个地球之后，这幅油画在平展和装裱之前也赢
得了一波关注，最终于1898年11月至12月在沃拉尔的画廊展出，与
193 其一起展出的还有十几件有关塔希提岛的小型作品，包括《塔希提牧
150 歌》和《她的名字是维劳玛蒂》。高更列出了他认为应该邀请来的各
位有影响力的人物，包括之前支持他的评论家，如罗杰·马克思和奥克
塔夫·米尔博。也许是为了尊重高更对卡米耶·莫克莱尔的不满，《风
雅信使》另派了一名叫作安德烈·丰泰纳（Andre Fontainas）的记者
出席这次展览。

丰泰纳为高更的展览投入了相当大的精力。一开始，他承认自己曾经厌恶高更的艺术，并说明了是如何强迫自己对这些新作品做出严

192上图 皮埃尔·普维斯·德·夏瓦纳，《在艺术与自然之间》，约1890年

193下图《塔希提牧歌》，1898年

肃客观的评价。他无视其他人对高更随心所欲的画风的反对，认为艺术家有权通过自己认为合适的线条来表达自己。他也不认为有必要对高更选择奇异题材而非平庸题材吹毛求疵；事实上，他觉得布列塔尼的魅力已经开始消退，为高更有勇气抛弃对古老布列塔尼的流行性崇拜而感到钦佩。在风格方面，他首先被高更用色中倾注的情感所打动，但对他过度使用某些鲜明的色彩对比（例如，明亮的红色与充满活力的绿色）进行了批判。他尤其被那些描绘了波利尼西亚人日常生活的

193 画作所吸引，比如《塔希提牧歌》，不过他对硕大的《我们来自何

188 处？》中所希望解决的一般性哲学问题无动于衷。丰泰纳将其与普维斯·德·夏瓦纳（他去世的消息引起了广泛哀悼）进行了明显的比较，但结论更倾向后者：“为了表现哲学理想，他（普维斯）设想了一个和谐的群体，让他们能够把一种类似于他本人的梦想施加给我们。而在高更的大画板上，什么都没有，甚至连两个平静、美丽、柔弱而沉

思的人物都没有，也没有对神秘崇拜物的召唤，要不是他费点劲在画布上方的角落里写上了‘我们来自何处？我们是什么？我们去往何处？’，恐怕没有人能看出这幅画的寓意。”

塔迪·纳坦松也在《白色评论》中对展览做了类似的评论。他高度赞扬了高更越来越显得优雅诱人的装饰风格和他充满活力的色彩，但他认为，高更试图给自己的作品注入文学和象征意义的做法是对作品的一种中伤，从长远来看，这只能说明他早期与象征主义诗人的逢场作戏是多么苍白无力。我们无从得知高更是否看到了纳坦松的评论，但显然他对丰泰纳的评论感到很沮丧，觉得有必要给他回一封长信。有人指责他对画作形式的选择和安排没能传达出他的基本思想，没有表示出某种意思，他对此含糊其辞。他认为，神秘、模棱两可以及无法把握塔希提岛装饰性隐喻的全部意义，也是他创作意图的一部分。他还通过与复调音乐的精致类比，企图为自己偶尔用色单调的问题辩护。但对高更在这幅宏大作品中希望传达严肃哲学意义的能力的质疑之声显然让高更心事重重。两年后，夏尔·莫里斯试图筹集款项，把这幅尚未售出的油画买回法国，高更甚至在当时就火急火燎地为自己辩护，回应丰泰纳的批判，防止莫里斯未来可能提出任何的反对意见。他解释说：“人物的排布和题目中提出的问题之间的关系其实十分简单。画面左侧的老妇人正面对死亡，神像则象征着来世，仿佛正在询问‘我们去往何处’？画面中间采摘果实的人物则是对日复一日存在意义的询问，而右侧新生的孩子则对应着‘我们来自何处’？树的后面有两个阴森的人影，裹着暗色的衣物，在知识树旁记录着他们的苦难，知识本身造成的痛苦让人自暴自弃放弃了生活的快乐，与单纯的人类具有的淳朴天性形成对比，这也许就是人类眼中的天堂。”（人们禁不住将这些邪恶的人物与高更本人联系在一起。高更是一个十分睿智但也满怀悲伤的欧洲人，他被迫从外部审视被自己的创造性幻想所美化的未受玷污的原始生活）。最后，虽然这不是第一次也不会是最后一次，高更说出了最终的自我辩白之辞——他亵渎神明的借口，他觉得自己像基督一样，张口就是预言。正如许多聆听基督教诲的人无法理解基督所传达的信息一样，高更认为大多数的观众无法理解他含蓄的寓意：看见他们看不见的，听见他们听不见的。

在高更生命的最后几年，他几乎没有创作绘画作品，尤其是在

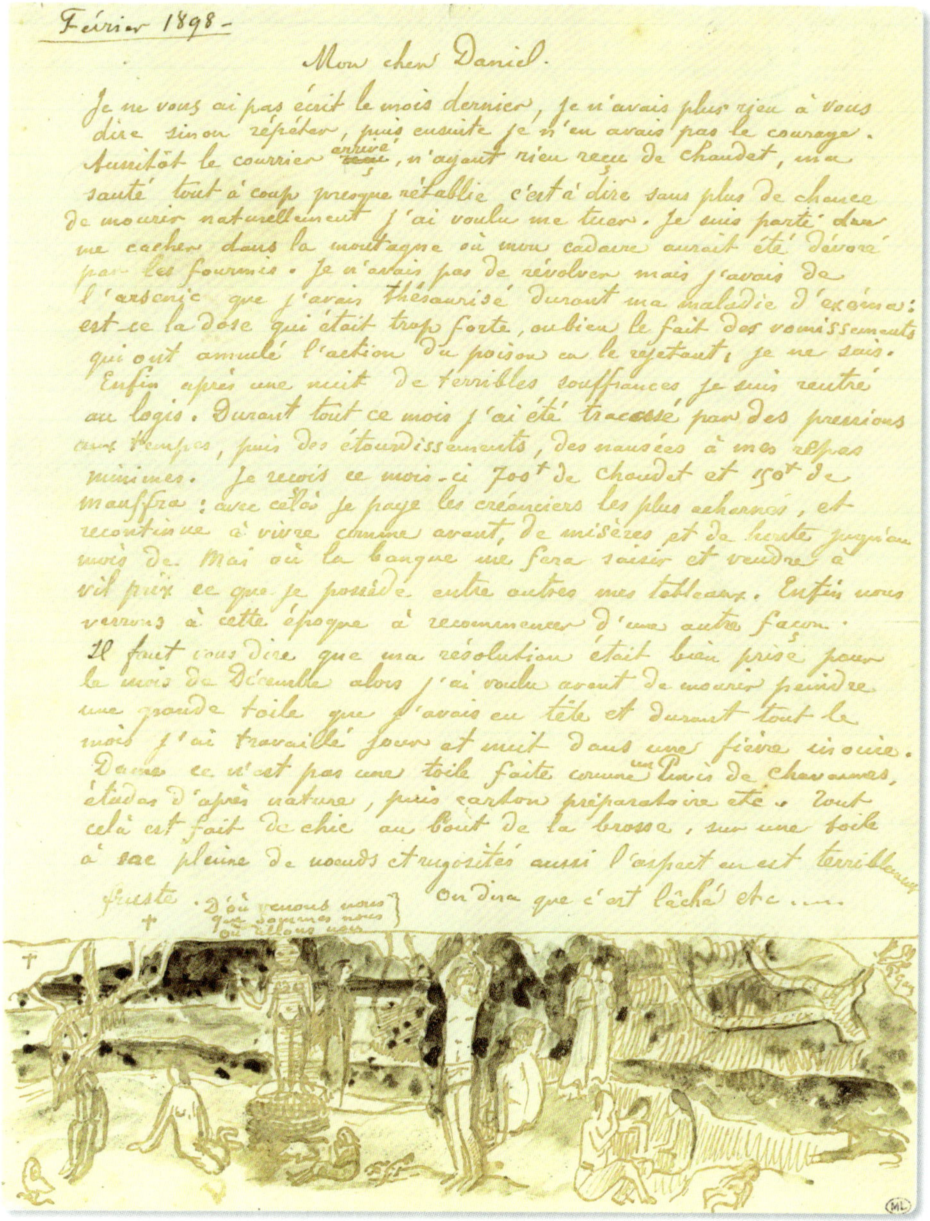

Février 1898 –

Mon cher Daniel.

Je ne vous ai pas écrit le mois dernier, je n'avais plus rien à vous dire sinon répéter, puis ensuite je n'en avais pas le courage. Aussitôt le courrier arrivé, n'ayant rien reçu de Chaudet, ma santé tout à coup presque rétablie c'est à dire sans plus de chance de mourir naturellement j'ai voulu me tuer. Je suis parti me cacher dans la montagne où mon cadavre aurait été dévoré par les fourmis. Je n'avais pas de revolver mais j'avais de l'arsenic que j'avais thésaurisé durant ma maladie d'eczéma: est ce la dose qui était trop forte, ou bien le fait des vomissements qui ont annulé l'action du poison en le rejetant; je ne sais. Enfin après une nuit de terribles souffrances je suis rentré au logis. Durant tout ce mois j'ai été tracassé par des pressions aux tempes, puis des étourdissements, des nausées à mes repas minimes. Je reçois ce mois-ci 700f de Chaudet et 150f de Mauffra: avec cela je paye les créanciers les plus acharnés, et recontinue à vivre comme avant, de misères et de honte jusqu'au mois de Mai où la banque me fera saisir et vendre à vil prix ce que je possède entre autres mes tableaux. Enfin nous verrons à cette époque à recommencer d'une autre façon.

Il faut vous dire que ma résolution était bien prise pour le mois de Décembre alors j'ai voulu avant de mourir peindre une grande toile que j'avais en tête et durant tout le mois j'ai travaillé jour et nuit dans une fièvre inouie. Dame ce n'est pas une toile faite comme un Puvis de Chavannes, études d'après nature, puis carton préparatoire etc. Tout cela est fait de chic au bout de la brosse, sur une toile à sac pleine de noeuds et rugosités aussi l'aspect en est terriblement fruste. On dira que c'est lâché etc....

194 1898年2月给丹尼尔·德·蒙弗雷德的信的第一页，附《我们来自何处?》的草图

Étude de Force
Sottise
Vanité
La tête prochainement !!!
Peut en porter énormément

LE SOURIRE
TAITI

TAHITI
LE SOURIRE
Société de Genève
AMER Suisse
Malbrough s'en va t en guerre
Mironton Mirontaine
Joli Joujou
P. Gauguin

1899年到1901年间，他在帕皮提的公共工程与测量办公室做文职工
作以维持生计，同时也参与了当地讽刺性报纸的新闻工作。他出版了
196, 自己的讽刺性杂志《笑容》（*Le Sourire*），还向另一份杂志《拉格佩
197 斯》（*Les Guêpes*）投稿了长篇辩论文。高更参与殖民政治斗争并未
带着特别一致的意图，在不同的时期，人们发现他攻击过新教传教士，
195 还画过图讽刺官僚机构和法律体系的无能和腐败（他对当地人小偷小
摸的行为十分不满，因此对总督拒绝全面调查此事的态度感到愤怒），
另外还主张保护法国殖民者的利益不受影响。他强烈反对世界舞台上
的战争贩子行为，赞扬法国的明智外交政策。在这些后来的著作中，
没有一篇表明高更对塔希提人有特别的尊重感，也没有提出任何关于
殖民的道德性或必要性方面的疑虑。高更通过艺术行为创造出了一个
表面上的天堂世界，而在他的新闻写作中则笼罩着一种阴郁的悲观主
义基调，这种厌世观显然受到了塔希提小部分特定观众的赏识。

1901年之后，高更与沃拉尔达成了一项新协议，保证了自己更
稳定的收入，最后，他终于能够搬到马克萨斯群岛，如他所愿到了离
文明世界更远的地方。在高更后来的画作中，有很多都失去了焦点和
活力，毫无疑问，部分是因为他的视力和整体健康状况每况愈下。然
而，在搬到希瓦瓦岛之后，高更的创造力有所恢复，在一些作品中，
201 他展现出的野心和力量堪比他以前的作品。比如，《蛮族的口头故事》
（*Contes barbares*）就是他的一项重大成就，变形的梅耶尔·德·哈恩
浮现，这个邪恶的存在俯瞰着两个塔希提妇女，其中一个还摆着佛陀
204 的姿势。高更甚至在这个时期采用了一些全新的主题：比如《海滩上
的骑士》（*Cavaliers sur la plage*），这是他亏欠德加的一幅作品；之
后他又开始画风景画和静物画，有些是受到波利尼西亚奇异动植物的
200 启发，其他比如《向日葵与普维斯·德·夏瓦纳的<希望>》（*Nature
morte avec 'L'Espérance' de Puvis*）则是对被他遗忘的欧洲文化的怀
旧回忆。在高更寄往法国的最后一封信中，丝毫不乏乐观之感，也没
有对自己的作品在欧洲艺术市场上的开疆扩土失去兴趣。此外，他继

195上一页左上图《埃蒂德之力》（*Etude de force*），约1900年

196上一页右上图《笑容》，1899年

197上一页下图《笑容》，1900年

199 续在技术层面上进行试验，再次把精力集中在单版印刷画上。对此，高更毫不掩饰对自己取得如此巨大的革命性进步的沾沾自喜，认为自己的成就必将引起欧洲方面的注意。对高更来说，单版印刷画最大的好处是不需要印刷机。也许是出于对丰泰纳和纳坦松对自己提出的建议的尊重，从此，他在艺术创作中避开了深奥的形而上学，把它们局限在他丰富的作品中。他在《蹲伏的塔希提女人》(*Femme Tahitienne*
198 *accroupie vue de dos*，雕刻家马约尔收藏了另一个版本）等版画中探

198上一页上图《蹲伏的塔希提女人》，1901—1902年

199上一页下图《小马》(*The Pony*)，约1902年

200上图《向日葵与普维斯·德·夏瓦纳的〈希望〉》，1901年

201 本页图《蛮族的口头故事》，1902年

202 下一页上图《祈愿》(*Invocation*)，1903年

203 下一页下图《圣诞夜》(*Christmas Night*)，1902—1903年

204《海滩上的骑士》，1902年

索的意象基于单个人物或家庭，显得更简单、更原始、更不朽。

在高更孤独的人生最后几年里，我们能感受到他在依靠写作来替代他所缺乏的陪伴、交谈和思想交流。许多自传体材料都以宣传为目的，是一种直接性的记录，一种对评论家的反击，一种对生活轨迹的掩盖。他希望在生命终结前能看到自己的各种作品被收集在一起并出版成书，但始终没有这样的出版物出现，这可能对他的声誉并无坏处。

高更对同时代人的回忆并不总是公正、深情或富有启蒙性的，但有趣的是，他承认自己对毕沙罗感恩戴德。高更认为，毕沙罗的重要性被他的众多追随者遗忘了，这很不公平。高更的想法往往是由《风雅信使》杂志上的文章引发的，他所涉及的话题，从艺术、教育到宗教、政治，以及他所讨论的具体问题，都与杂志的内容密切相关。这些想法是对一个躁动不安、精力充沛的智者的见证，虽然它们零散又不连贯，缺乏一致性。

高更于1903年以不体面的方式去世了，甚至在法国有谣言说他患了麻风病。由于与当地天主教主教起了争执，他的葬礼仓促又低调。他的一些作品也因为被认为是不雅之作，一同被烧掉了。从拍卖会上出售的高更的剩余财产的清单可以看出，他的殖民地生活绝不像他想表现的那样贫困或原始。

1903年末，德·蒙弗雷德在巴黎为高更的作品举办了一个小型展览，并于1906年在“秋季沙龙”举办了一个大型回顾展。尽管莫里斯担心这次回顾展举办得过早，人们可能仍然无法客观地看待高更的作品，但并未出现与高更相关的传说或谣言，莫里斯的担心是多余的。对于巴黎的新一代年轻艺术家，如亨利·马蒂斯、安德烈·德兰（Andre Derain）和拉乌尔·迪菲（Raoul Dufy）来说，这是一次全面考察高更生涯和成就的良机。高更曾自信地预测，自己的作品本身并不如产生的结果和影响那么重要，而这些人对高更大胆的反自然主义用色和简单的装饰风格的赞赏，完全证明了他这一预测的正确性——他的作品将下一代从自然主义的束缚中解放了出来。高更对艺术史的特殊贡献与他的自传密不可分，他将外来的“原始”元素引入肖像画形式中。时间证明，这是他留给20世纪艺术家们的遗产中同样不朽的一面。不知高更是否知道，在他去世以前，《诺阿·诺阿》的插图版就已经流传到了流亡巴黎的年轻西班牙人巴勃罗·毕加索（Pablo Picasso）的手中，他为其附注了详细且丰富的注解。

结语

高更一生的非凡经历让他成为传奇人物。虽然远离故土，但他在岛上的生活并不能称得上是隐居，而是在人们的关注下度过了最后几年。尽管他去世时的境况并不令人羡慕，但他庆幸自己按照意愿选择了生活方式，而非在社会的束缚下度过一生。对此，毕沙罗和其他人对他进行了谴责。在他们看来，高更不仅逃避了社会责任，而且也没能创作出一种大众普遍都能理解的社会艺术。我们知道高更没能逃脱

205《两个塔希提女人》头部，约1902年

他所生活的历史时代的制约。事实上，他在这种背景下进军热带地区的行为，在历史上任何时期来说都是不可想象的轰动之举。再者，他作为一个艺术家为自己设定的难题，比如如何把自然抽象化，如何通过物质形式获得无形的思想，如何以神秘的方式传达寓意等只能通过引入文学象征主义来进行解释。高更非常感谢其他人的支持和努力，而他自始至终能够如此坚定地引导后代的唯一原因正是他要与其他人一起携手将艺术从自然的奴役中解放出来。如果说高更的作品在形式上对后起的野兽派和表现派至关重要，那么凡·高、西涅克和塞尚的作品也同样重要。

毫无疑问，高更相信他个人主义的至高行为最终会取得胜利。正是这种信念支撑着他度过了众多艰难时期。这种信念是由不断的失败洗练出来的，表现为对所有联合派别的质疑，并最终表现为对整个民主社会的蔑视和拒绝。无论高更如何试图淡化他作品中的文学寓意，作家和画家都能敏锐地感受到其中的魅力，这并非巧合。他一生的浪漫经历以及这种浪漫在他的艺术中的延续，激起了从于斯曼到米尔博以至毛姆等文学家的兴趣和灵感。他实现了西方商人的白日梦，这是一个关于逃避现实的梦想。即使高更的塔希提岛——那传说中的塔希提岛已经被现代社会的迫切需求不可挽回地牺牲了，但这种梦想之力仍然无懈可击。

新版附录：1987年以来关于高更的研究

自1987年本书首次出版以来的30多年里，高更的生平和作品吸引了众多学者、策展人和收藏家的极大关注。你可以在世界上大多数著名博物馆里找到高更的作品，他的画展也从阿姆斯特丹连绵到格拉茨、奥克兰和旧金山。在商业方面，他美丽的塔希提油画《你何时结婚？》在2015年以2.1亿美元的高价出售给了一位来自卡塔尔的买家。电影和纪录片制作人更是将高更视为一个不可多得的题材。在本附录中，我将向读者介绍关于高更研究的最新变化、主要研究进展和有价值的出版物，以及对未来研究的一些建议。

高更长期以来备受欢迎的原因之一就是他那跌宕起伏的人生经历，以及他对肖像创作的广泛兴趣。以至于他在不同地点创作的作品出现了众多不同群体的支持者。他抢占了当今全球旅行的热点先机。如今，几乎没有哪个国家和高更毫无联系，他或在这些国家的海岸停留了一周或几个月，或是对这些国家的文化十分感兴趣并给予认可，抑或是给他的作品带来了挑战。除了在秘鲁、丹麦、挪威、巴拿马、马提尼克岛、塔希提岛和马克萨斯群岛逗留，高更还探索了他的祖国法国，拍摄了巴黎、鲁昂、迪耶普和普罗旺斯的照片，并在布列塔尼南部留下了自己的印记。他从日本、爪哇、印度、希腊、埃及和新西兰等完全相异之地收集灵感、图像和技术方法，虽然这些不拘一格的借鉴受到了同时代某些人士的批判。当然，高更旅行的时代与背景和现在完全不同，当时旅游业还处于起步阶段，而殖民地的建立正处于顶峰期，法国正处在与英国、德国和美国的火热竞争中。虽然高效的邮政服务和电报已经出现了，但那时还没有飞机。高更通过海路周游全球，亲身体验了从帆船到蒸汽船的逐步变革。当我们试图借助想象力重新进入他的世界时，需要考虑到当时的国际旅行所涉及的背景。他的时代和我们的时代一样，出现了大量考古发现；他最大限度地利用了在巴黎博物馆和展览上可以看到的艺术品，并随身携带源自不同文化的艺术品的照片。尽管他谴责了摄影对沙龙绘画的负面影响，但最近的研究表明，相机对高更来说大有用处，尤其是能够帮助他记录和重组自己的作品元素。事实上，他还通过监护人古斯塔夫·阿罗萨参与了摄影的早期技术实验之一——珂罗版印刷。

高更具有吸引力的另一个主要原因就是其作品的神秘感和多层次感。一方面，高更似乎符合如今多元文化的价值观；另一方面，他似乎又挑战了某些认知。这种矛盾伴随着高更的一生。女权主义艺术史发现，高更笔下的某些形象和他的社会态度有明显目的，但在他的一些作品中，他又出人意料地是一名女性自由的倡导者。他作品的开放性，比如他在波利尼西亚人身上发现的雌雄同体的特征，以及他的著作《诺阿·诺阿》中提到的某些隐喻，都引发了人们对高更的质疑。他的创作方式以强大的绘画技能为基础，涵盖了各种各样的艺术门类——油画、水彩画、蜡笔画、陶瓷、木雕、版画，这是非常值得学习的一点。作为一个整体，高更的艺术值得我们仔细观察和深入探究：他的作品现在被更广泛地认为是他睿智的设计和工艺产生的成果，而非被笼统地认为是“忧郁少女”的一维作品。

新记录来源

自1987年以来，由维克多·梅尔什（Victor Merlhes）编辑的高更书信全集已经出了两种新版本，分别聚焦于高更与同为艺术家的文森特·凡·高和埃米尔·舒芬尼克尔之间的交流。这两本书的参考文献内容广泛，就如同一作者在1994年再版的《列宾故事集》(*Racontars de Rapin*)（高更在1902年发表的一篇文章，反映了当代艺术，涵盖了大量渊博的评论）一样，转向了解释性研究。人们望眼欲穿地等待着1889—1903年信件的出版。在此期间出版的《高更亲笔录》(*Gauguin by Himself*，1993年）收录了高更的法语与英语作品，从书信到散文应有尽有。南希·莫威尔·马修斯（Nancy Mowll Mathews）于2001年出版的《保罗·高更：情爱生活》(*Paul Gauguin: An Erotic Life*)一书，除了有争议的弗洛伊德理论，还发表了一系列高更的丹麦妻子梅特写给舒芬尼克尔的启蒙性信件。在此之前，这些信件未曾被解读。

与高更的法国社交圈相关的大量辅证性出版物得以问世，内容均是他的通信信件。他与塞金和奥康纳的通信出版于1989年。由里奥·詹森（Leo Jansen）、汉斯·卢伊滕（Hans Luijten）和尼恩克·巴克（Nienke Bakker）编辑的最新修订版《凡·高信札》（*Vincent van Gogh - The Letters*）自2009年发行以来，已经成为一个重要的在线研究资源。由尼尔·麦克威廉（Neil McWilliam）编辑的《埃米尔·贝尔纳：艺术家的信》（*Emile Bernard: Les Lettres d'un Artiste*, 2012），对伯纳德与高更之间满含争议的关系给出了更为均衡的看法。高更与丹尼尔·德·蒙弗雷德的关系；蒙弗雷德的忠诚、自信，以及为高更打理的杂务；高更与勒普尔迪玛丽·亨利旅馆的室友迈耶·德汉之间的关系等都在这些艺术家的专题展览（纳尔博纳，2003年；阿姆斯特丹，2010年）中有所展现，让我们能够更清晰地理解其中的关系。

威尔登斯坦基金会（Wildenstein Foundation）于2001年赞助出版的两卷本《高更：作品目录》（*Gauguin: Catalogue de I'oeuvrepeint*，1873—1888年），虽然题目古怪，但这两卷书将许多有价值的背景信息汇集在一起，极大地扩展了我们对高更早期绘画作品的了解。这些作品超越了传统的作品目录范畴，详细描述了作品的主题、风格、展览历史和出处，揭示了高更在处理静物、风景和肖像等既定题材时的非传统方式。这两卷书内容丰富，补足了我们对高更家族史的了解，包括他早期在商船和海军中的经历，以及他在金融界没有定性的职业生涯，他的居住地和关系网等内容。人们预计，在西尔维·克卢萨德（Sylvie Crussard）和理查德·布雷特尔（Richard Brettell）的精心编辑下，后面几卷将同样为我们带来启示。

新的学术研究加深了我们对高更展览历史的了解：他曾参与法国和海外的展览团体，特别值得一提的是1889年的佛尔比尼所属咖啡馆的展览，以及与20人展和布鲁塞尔的自由美学团体的合作；高更去世后在展览中的地位，比如1910年罗杰·弗莱（Roger Fry）在伦敦主办的后印象派展览。高更与他的经销商（尤其是提奥·凡·高和安布鲁瓦兹·沃拉尔）和收藏家之间的关系有了宝贵的新线索，这个领域还有待进一步研究。

新学术方法与展览

继2000年沃伊特克·吉拉特-沃西廷斯基（Vojtech Jirat-Wasiutynski）和小H. 特拉弗斯·牛顿（H. Travers Newton Jr.）合著的《保罗·高更绘画中的技巧与意义》（*Technique and Meaning in the Paintings*）之后，出现了多个关于高更不同领域作品的研究，尤其是陶瓷、雕塑和印刷品，虽然并没有出现能够取代波德尔森、格雷和菲尔德的标准陶瓷、雕塑和单幅作品目录的作品。同样，我们对高更对词语的运用也有了新的认识，他的艺术作品中经常出现文学典籍或塔希提语，他本人也渴望成为一名作家。高更在谴责拿趣闻轶事搞艺术的同时，也是一位注重文学（和音乐）美学可能性的艺术家。我研究了高更和罗伯特·路易斯·史蒂文森（Robert Louis Stevenson）之间的相似之处，以及他在自己的作品中出现的冲突之处。菲力浦·维迪尔（Philippe Verdier）和伊丽莎白·蔡尔兹（Elizabeth Childs）在1897年的手稿中写道，高更曾在手稿中抨击天主教。伊莎贝尔·卡恩（Isabelle Cahn）发表了一篇有价值的评论稿，作为《诺阿·诺阿》和《多元选择》（*Diverses Choses*）光盘的附赠。琳达·戈达德（Linda Goddard）对高更的作家身份更是进行了深入的研究，把他描绘成一个熟知多种不同体裁的倡导者。她已经就此话题发表了单独的论文和连载，即将出版关于高更作品的书籍。

除了亨利·多拉（Henri Dorra）在2007年去世后出版的《保罗·高更的象征主义》（*the Symbolism of Paul Gauguin*），近几十年来，人们对布列塔尼或象征主义的原始主义问题关注较少，更多的是广泛关注高更所处时代的文化和殖民背景。而达里奥·甘博尼（Dario Gamboni）的《保罗·高更：神秘的思想中心》（*Paul Gauguin: The Mysterious Centre of Thought*，2013年）对高更的画作进行了一种更为新颖而复杂的探索，强调了他创作画作时刻意的趣味模糊性，并主张艺术家对偶发形式和双重意义的心理开放性。

2001年，德波拉·西尔弗曼（Debora Silverman）将高更的天主教本性与凡·高的新教进行了对比，而奥顿·普林茨（Othon Printz）也在2008年对高更与新教的惊人联系产生了浓厚的兴趣。高更与宗教的联系不仅反映了他的作画题材，也与他对波利尼西亚传教活动（大多是敌对的）的反应有着明显联系。关于高更对新西兰毛利文化的接触也有很多具有启发性的后殖民研究。高更在19世纪后期的科学、达尔文主义、灵性和神秘学等日益增长的学术热点中占据着崇高地位。最近关于高更的研究中经常批评这位艺术家似乎支持欧洲对伊甸园生活的幻想。自启蒙运动以来，这种幻想就与南太平洋的岛屿联系在一起，使得神话与法国殖民政治的现实和塔希提人的性行为背道而驰，不过作家们并非总是关注高更的挑衅或讽刺性行为。

从维克多·塞格伦（Victor Segalen）开始，高更的旅行对富于冒险精神的航海家们就有着特殊的吸引力。塞格伦与高更在马克萨斯群岛的近距离邂逅改变了他的人生，他的著作和关于异国情调的理论重新燃起了人们的学术兴趣。对于今天想追随高更前往法属波利尼西亚的艺术史学家来说，保罗·高更的旅游经历为他们开辟了一条大道。最近的美国研究在经过实地工作后对波利尼西亚地形相当熟悉：比如斯蒂芬·艾森曼（Stephen Eisenman）的《高更的裙子》（*Gauguin's Skirts*）强烈反对现代主义倾向，认为高更具有开放的男子气概，展示了他在艺术和生活中对待塔希提人的微妙复杂性，并认为他既代表了“鼎盛时期的帝国主义”，也代表着“萌芽时期的反帝国主义”；伊丽莎白·蔡尔兹将高更与两位有丰富记录的当代美国太平洋旅行者——亨利·亚当斯（Henry Adams）和约翰·拉·法奇（John La Farge）进行了比较，颇有启发意义；卡洛琳·博伊尔-特纳（Caroline Boyle-Turner）和琼·哈格罗夫（June Hargrove）比之前的学者更加关注高更在马克萨斯群岛的希瓦瓦岛上的最后一次创造力爆发。最近出版的一本由诺玛·布劳德（Norma Broude）编辑的学术文集《高更的挑战》（*Gauguin's Challenge*），汇集了上述许多新文章（主要是盎格鲁-撒克逊学者的文章）。但就像现代旅游业利用了高更的艺术声誉一样，几十年的去神话化以及现代社会对种族和性的认知变化，反而对他的个人声誉造成了损害，导致塔希提人不愿或无法继续经营以高更的名字命名的博物馆。

最近的几场专题展览都以地理为线，塔希提岛是最受欢迎的地点，其他的内容则主要是艺术家与布列塔尼、巴拿马、马提尼克岛和新西兰的简要联系。虽然本附录中未对这些展览进行全面介绍，但参考文献精选中罗列出了一些重要的展览目录。在高更逝世100周年之际，塔希提岛上举办了一场关于高更的大型展览。在随后的10年里，一系列展览采用叙事法聚焦于高更职业生涯中的零散时期或阶段，他与其他艺术家的关系，以及高更喜欢塑造的自我形象。“打造自己的神话”——从展览标题中可以看出这一点。还有其他的一些典型的展览，比如“高更：神话缔造者”（泰特现代美术馆，2010年），“高更：变形记”（现代艺术博物馆，2014年），“高更：炼金艺术家”（芝加哥艺术博物馆，2017年）等。这种自我塑造的激情与他对不同艺术媒介的尝试密切相关。最近的展览则不再给予画家高更特权，倾向于对他的作品采取更全面的展示方式，强调他千变万化的画技。

未来

得益于当今的数字技术，网上越来越多地展示出最新的永久馆藏目录及研究发现。由格洛丽亚·格鲁姆（Gloria Groom）编辑，并由许多其他学者参与出版的《芝加哥艺术学院的高更绘画、雕塑和平面作品》（*Gauguin Paintings, Sculpture, and Graphic Works at the Art Institute of Chicago*，2017年）就是一个开创性先例。网站上展出了这位艺术家无与伦比的纸上作品，加上来自绘画修复工作室的强化细节和分析技术，揭示了高更创作手法的复杂性，并对他对图像的使用和再使用进行了研究。华盛顿国家美术馆也采用线上形式呈现高更画作系统目录，目前正处于编辑阶段。

就印象派整体而言，关于高更还有很多未解的或具体或抽象的问题：比如，随着资源的扩大，学术界将在批判性评论和文学领域找到新的研究方向。高更与凡·高的关系或许很容易就能解读，但他与同时代那些不太出名的人士之间的往来，以及他对后代众多艺术家的意义和影响，仍有待阐明。高更的肖像画成为科妮莉亚·洪堡（Cornelia Homburg）策划的在多伦多和伦敦举办的展览的焦点。但到目前为止，学者们还没有开发出其他研究主题：高更的画以及他粗俗的幽默感。关于高更婚恋经历和真实性的问题依旧比比皆是：例如，某些木雕的状况仍然具有不确定性，比如盖蒂博物馆收藏的《带角的头像》（*Head with Horns*）。对我们来说，高更的魅力还未开发殆尽。

参考文献精选

关于高更的参考文献非常多，以下清单绝非详尽无遗。除了本人于1987年准备本书时发现的即时有用的出版物（特别是那些在本书中进行了引用的出版物），现已更新和扩充参考文献，包括在此期间出现的一些重要出版物。

书信

高更的全部信件尚在编辑阶段。为撰写本书，我借鉴了波利尼亚克歌手基金会赞助、维克多·梅尔什（Victor Merlhes）编著、于1984年在巴黎出版的第一卷《保罗·高更书信》（*Correspondance de Paul Gauguin*，1873—1888年），包括高更在1888年12月之前收到的大部分信件，以及其他相关文件，比如最初发表于1883年《现代艺术》杂志（见第1章）上的于斯曼在印象派展览上对高更的评论。文中提及的这一时期的信件的所有内容均摘自此书。此书的作者还发表了两本补充出版物：维克多·梅尔什编，《保罗·高更与文森特·凡·高，1887—1888年，未知来源的信件重现》（*Paul Gauguin et Vincent van Gogh*，*1887-1888*，*Lettres Retrouvees, Sources Ignorees*），包含前卷和后卷，巴黎，1989年；维克多·梅尔什编，《布列塔尼与波利尼西，保罗高更，未发表》（*De Bretagne en Polynesie, Paul Gauguin, Pages Inedites*），包含前卷和后卷，拉尼永，1995年。

后期信件的主要来源为：《P. 高更：写给妻子和朋友的信》（*P. Gauguin: Letters to his Wife and Friends*），M. 马凌（M. Malingue）编，H. 斯坦宁（H. Stenning）译，伦敦，未注明具体出版日期（1948年）；《乔治·丹尼尔·德·蒙弗雷德与高更的书信》（*Lettres de Gauguin a Georges Daniel de Monfreid*），V. 塞加朗（V. Segalen）编，巴黎，1930年（1950年出版更新版）；《保罗·高更：凡·高·提奥和凡·高·乔的45封信》，D. 库珀（D. Cooper），文森特·凡·高阿姆斯特丹国立博物馆，洛桑市，1983年。

高更的其他文章

高更的文章未留存完整版本。部分作品摘录可见《高更：这就是野蛮人》（*Gauguin, Oviri, ecrits d'un sauvage*），D. 盖琳（D. Guerin）编，巴黎，1974年。高更的作品，包括其已发表的文章，以及未发表的1884至1885年的《笔记杂谈》和1903年的《先锋派与后先锋派》（*Avant et Apres*）的参考文献均来自此文件源。1923年，由范·威克·布鲁克斯（Van Wyck Brooks）翻译的《先锋派与后先锋派》以《保罗·高更的私密日记》为名出版（1949年于纽约和伦敦出版新版）。雅克·杜塞基金会赞助，由巴黎大学艺术与考古协会于1963年出版的高更在1893年的《爱的日记》的摹本，包含了高更开办于1893年的个人画展的大部分评论的剪报（见第6章）。成功对《诺阿·诺阿》及其成因、意义与转换思考做出解释的书籍之名为《诺阿·诺阿：高更的塔希提岛》（*Noa Noa: Gauguin's Tahiti*），N. 沃德利（N. Wadley）编，牛津大学，1985年。高更后期的新闻工作可见B. 丹尼尔松（B. Danielsson）和P. 奥莱利（P. O'Reilly）的《高更：一位塔希提新闻记者》（*Gauguin*：*Journaliste a Tahiti etses articles des 'Guepes'*），巴黎，1966年。贝琳达·汤姆森编著的《高更自传》（*Gauguin by Himself*），伦敦，1993年，是一本囊括高更作品的选集。关于高更1902年的著作《列宾故事集》（*Racontars de Rapin*）的摹本和分析，请见维克多·梅尔什版本，包含前卷和后卷，潘普洛纳，1994年。同样内容可见《一个想成为画家的人的漫步》（*Ramblings of a Wannabe Painter*），多纳西安·格劳（Donatien Grau）编译，大卫画廊出版社，纽约，2016年。伊莎贝尔·卡恩（Isabelle Cahn）的《高更·埃克里文，诺阿·诺阿，多元选择，古老的宗教》（*Gauguin Ecrivain, Noa Noa, Diverses Choses, Ancien culte mahorie*）光盘收录了卢浮宫收藏的三本书的复刻，并附英文与法文小册子，国家博物馆出版社，巴黎，2003年。琳达·戈达德（Linda Goddard）编著《野蛮传说：保罗·高更的作品》（*Savage Tales: The Writings of Paul Gauguin*），耶鲁大学出版社，纽黑文和伦敦，2019年。

其他记录

年轻的高更及其家庭出身请见以下文献：U. 马克思-凡登布鲁克（U. Marks-Vandenbroucke）的《美术公报》（*Gazette des Beaux-Arts*），1044-47号，1958年。《卡米耶·毕沙罗的信件》（*Correspondence de Camille Pissarro*，1865—1903），5卷，珍妮·贝利-赫兹伯格（Janine Bailly-Herzberg）编，瓦尔赫米尔版，1980—1991年。菲力克斯·费内翁，《大功告成》（*Oeuvres plus que completes*），2卷，巴黎和日内瓦，1970年。奥克塔夫·米尔博（Octave Mirbeau），《艺术家》（*Des Artistes*），巴黎，1986年。《波希米亚人的生活：阿曼德·塞金和罗德里克·奥康纳的书信（1895—1903年）》（*Une Vie de boheme, Lettres dupeintre Armand Seguin a Roderic O'Conor, 1895—1903*），蓬塔旺博物馆，坎佩尔，1989年。《高更：言谈举止》（*Gauguin: Actes du colloque Gauguin*），法国奥赛美术馆，1989年11—13期，文档特许使用，巴黎，1991年。《埃米尔·贝尔纳：艺术家的信》（*Emile Bernard: Les Lettres d'un artiste*），尼尔·麦克威廉（Neil McWilliam）编，里尔出版社（Les Presses du Reel），2012年。

专著研究

B. 丹尼尔松（B. Danielsson），《高更在南太平洋》（*Gauguin in the South Seas*），伦敦，1965年。F. 加恩（F. Cachin），《高更》（*Gauguin*），巴黎，1968年。M. 罗斯基尔（M. Roskill），《凡·高、高更和印象派》（*Van Gogh, Gauguin and the Impressionist Circle*），伦敦，1970年。A. 鲍内斯（A. Bowness），《高更》（*Gauguin*），伦敦，1971年。W. 安德森（W. Anderson），《高更的失乐园》（*Gauguin's Paradise Lost*），伦敦，1972年。R. 菲尔德（R. Field），《保罗·高更：第一次塔希提之旅的作品》（*Paul Gauguin: The Paintings of the First Voyage to Tahiti*），纽约，1977年。F. 奥顿（F. Orton）与G. 波洛克（G. Pollock），《"布列塔尼数据：草原代表"，艺术史》（*'Les Donnees Bretonnantes: la Prairie de Representation', Art History*），1980年9月，转载于《现代艺术与现代主义：精选集》（*Modern Art and Modernism: A Critical Anthology*），F. 弗兰契娜（F. Frascina）与C. 哈里森（C. Harrison）编，伦敦，1982年。B. 汤姆森（B. Thomson），《高更与"后印象主义"》（*Gauguin and 'Post-Impressionism'*），现代艺术与现代主义艺术：三级课程第111版块，开放大学，1983年。J. 海特-菲斯克（J. Teilhet-Fisk），《回望天堂：高更对波利尼西亚象征主义的解读》（*Paradise Reviewed: An Interpretation of Gauguin's Polynesian Symbolism*），密歇根，1983年。D. 豪沃思（D. Howarth）的《塔希提岛：失乐园》（*Tahiti: A Paradise Lost*）是对塔希提岛欧洲化的成功解读，伦敦，1983年。格里塞达·波洛克（Griselda Pollock），《解读前卫》（*Avant-Garde Gambits*，1888—1893），《性别与艺术史的色彩》（*Gender and the Colour of Art History*），Thames & Hudson出版社，伦敦，1992年。大卫·斯威特曼（David Sweetman），《保罗·高更：完整人生》（*Paul Gauguin: A Complete Life*），Hodder & Stoughton出版社，伦敦，1995年。斯蒂芬·F. 埃森曼（Stephen F. Eisenman），《高更的裙子》（*Gauguin's Skirt*），Thames & Hudson出版社，伦敦，1997年。沃伊切克·吉拉特-瓦苏廷斯基（Vojtech Jirat-Wasiutynski）和小H. 特拉弗斯·牛顿（H. Travers Newton Jr. ），《保罗·高更绘画中的技巧与意义》（*Technique and Meaning in the Paintings of Paul Gauguin*），剑桥出版社，2000年。南希·莫·马修斯（Nancy Mowll Mathews），《保罗·高更的性爱生活》（*The Erotic Life of Paul Gauguin*），耶鲁大学出版社，纽黑文，2001年。黛博拉·西尔弗曼（Deborah Silverman），《凡·高与高更：对神圣艺术的追寻》（*Van Gogh and Gauguin: The Search for Sacred Art*），法勒、施特劳斯与吉劳克斯，纽约，2001年。亨利·多拉（Henri Dorra），《保罗·高更的象征主义》（*The Symbolism of Paul Gauguin*），加州大学出版社，伯克利、洛杉矶与伦敦，2007年。伊丽莎白·C. 蔡尔兹（Elizabeth C. Childs），《消失的天堂：殖民时期塔希提岛的艺术与异域主义》（*Vanishing Paradise: Art and Exoticism in Colonial Tahiti*），加州大学出版社，奥克兰，2013年。达里奥·甘博尼（Dario Gamboni），《保罗·高更：神秘的思想中心》（*Paul Gauguin: The Mysterious Centre of Thought*），略克逊出版社，伦敦，2014年。卡罗琳·波

义耳-特纳（Caroline Boyle-Turner），《保罗·高更与马克萨斯群岛：发现天堂？》（*Paul Gauguin & The Marquesas: Paradise Found?*），流行版，2016年。彼得·库克（Peter Cooke）与尼娜·劳本（Nina Lubbren）编，《从普桑到高更的法国绘画与叙事记》（*Painting and Narrative in France, from Poussin to Gauguin*），劳特利奇出版社、阿宾顿出版社、纽约出版社，2016年。琼·哈格罗夫（June Hargrove），《高更》（*Gauguin*），马则诺出版社（Citadelles & Mazenod），巴黎，2017年。诺玛·布罗德（Norma Broude）（编），《高更的挑战：后现代主义后新视角》（*Gauguin's Challenge: New Perspectives after Postmodernism*），布鲁姆斯伯里，纽约，2018年。

作品目录

威尔登斯坦基金会完整版《修订目录》（*catalogue raisonne*）（准备中）预计出版，1888年之前的所有绘画作品均详细记录在两卷本《高更，高级巡回画家，作品目录》（*Gauguin, premier itineraire d'un sauvage, Catalogue de l'oeuvre peint*，1873—1888）中，由维尔登斯坦研究所的西尔维·克鲁萨尔（Sylvie Crussard）和玛蒂娜·赫德隆（Martine Heudron）编，巴黎，2001年。尽管存在很多缺漏，G. 维尔当斯坦（G. Wildenstein）与R. 克格尼特（R. Cogniat）的《保罗·高更：1，目录》（*Paul Gauguin: 1, Catalogue*）是高更1888年后期画作最完整的目录，巴黎，1964年。简约的里佐利版由弗拉马里翁重新编辑，以《高更的全部作品》（*Tout l'Oeuvre Peint de Gauguin*）为名出版，巴黎，1981年，书中都是邮票大小的复制图，是一本可替代读物。高更在其他媒介上的作品请见M. 博得森（M. Bodelsen）的《高更的陶瓷》（*Gauguin's Ceramics*），伦敦，1964年；C. 格雷（C. Gray）的《保罗·高更的雕塑和陶瓷作品》（*Sculpture and Ceramics of Paul Gauguin*），巴尔的摩，1963年；M. 盖琳（M. Guerin）的《高更的坟墓》（*L'Oeuvre grave de Gauguin*），2卷，巴黎，1927年；理查德·S. 菲尔德（Richard S. Field），《保罗·高更：单版画》（*Paul Gauguin: Monotypes*），费城美术馆，1973年。《保罗·高更的粉丝》（*The Fans of Paul Gauguin*），由让-皮埃尔·辛格（Jean-Pierre Zingg）呈现，包含上卷和下卷，潘普洛纳，2001年。

收藏目录

格洛丽亚·格鲁姆（Gloria Groom）与吉纳维芙·韦斯特比（Genevieve Westerby）编，《藏于芝加哥艺术学院的高更绘画、雕塑和平面作品》（*Gauguin Paintings, Sculpture, and Graphic Works at the Art Institute of Chicago*），线上资源：https://publications.artic.edu/gauguin/reader/gauguinart!section! 12380s

展览目录

《高更和蓬塔旺派》（*Gauguin and the Pont-Aven School*），泰特美术馆，伦敦，1966年。R. 菲尔德（R. Field），《保罗·高更单版画》（*Paul Gauguin Monotypes*），费城美术馆，费城，1973年。M. 博得森（M. Bodelsen），《1893年，高更和凡·高在哥本哈根》（*Gauguin and Van Gogh in Copenhagen in 1893*），奥德罗普格园林博物馆，哥本哈根，1984年。K. 瓦尔纳多（K. Varnedoe），《"高更"，现代艺术中的原始主义者》（*'Gauguin', Primitivism in Modern Art*），现代艺术博物馆，纽约，1984年。《高更之路：起源与传播》（*Le Chemin de Gauguin: genese et rayonnement*），皮埃尔博物馆，圣日耳曼昂莱，1985年。《高更》（*Gauguin*），国家艺术馆，华盛顿；芝加哥艺术博物馆；奥赛美术馆，巴黎，1988—1989年。《保罗高更，塔希提岛》（*Paul Gauguin, Tahiti*），国家美术馆，斯图加特，1998年。《高更》（*Gauguin*），罗纳德·皮克文斯（Ronald Pickvance），加纳达藏品博物馆，马蒂尼，1998年。《高更：迈向现代化的塔希提岛和布列塔尼》（*P. Gauguin: Von der Bretagne nach Tahiti, Ein Aufbruch zur Moderne*），兰德斯博物馆，格拉茨，2000年，只有德语版本的多作者目录。《高更涅槃，勒普尔杜的画家》（*Gauguins Nirvana, Painters at Le Pouldu*，1889—1890），埃里克·M. 扎弗兰（Eric M. Zafran）参考维克多·梅尔什（Victor Merlhes）、罗伯特·威尔士（Robert Welsh）与博戈米拉·韦尔什-奥夫沙罗夫（Bogomila Welsh- ovcharov）的论文进行编排，伟兹沃尔斯博物馆，康涅狄格州，2001年。《凡·高和高更，南方画室》（*Van Gogh and Gauguin, the Studio of the South*），道格拉斯·德鲁伊克（Douglas Druick）与彼得·齐格斯（Peter Zegers），芝加哥艺术博物馆；凡·高美术馆，阿姆斯特丹，2001年。《异国情调的

诱惑，纽约高更收藏》(*The Lure of the Exotic, Gauguin in New York Collections*)，可塔·艾夫斯（Colta Ives）与苏珊·艾莉森·斯坦（Susan Alyson Stein）等人，大都会艺术博物馆，纽约，2002年。《高更/塔希提岛，热带工作室》(*Gauguin/Tahiti, L'Atelierde tropiques/The Studio of the Tropics*)，乔治·T. M. 沙克尔福德（George T. M. Shackelford）与克莱儿·弗雷谢斯-托雷（Claire Freches-Thory）等人，巴黎大皇宫国家展览馆，巴黎，2003—2004年；波士顿美术馆，波士顿，2004。《高更与象征主义的起源》(*Gauguin and the Origins of Symbolism*)，吉耶尔莫·索拉纳（Guillermo Solana）、理查德·希夫（Richard Shiff）与居伊·科热瓦尔（Guy Cogeval）共同贡献，波涅米萨美术馆，马德里，2004—2005年（包括高更在法国和西班牙的追随者和崇拜者们的作品）。《高更的幻想》(*Gauguin's Vision*)，贝琳达·汤姆森、弗朗西丝·福尔（Frances Fowle）与莱斯利·史蒂文森（Lesley Stevenson），苏格兰国家美术馆，爱丁堡，2005年（聚焦于高更的《布道后的幻想》，1888年）。《高更与印象派》(*Gauguin and Impressionism*)，理查德·R. 白德礼（Richard R. Brettell）与安妮-比吉特·芬斯马克（Anne-Birgitte Fonsmark），金宝美术馆，沃思堡市与奥德罗普格园林博物馆，哥本哈根，2005年。《高更/凡·高，新色彩奇遇》(*Gauguin/Van Gogh, L'avventura del colore nuovo*)，马可·戈尔丁（Marco Goldin）等人，圣茱莉亚博物馆，布雷西亚，2005—2006年。《保罗·高更：神话与梦想的艺术家》(*Paul Gauguin: Artist of Myth and Dream*)，斯蒂芬·F. 艾森曼（Stephen F. Eisenman）与理查德·白德礼（Richard Brettell），罗马，2008年。《保罗·高更：巴黎，1889年》(*Paul Gauguin: Paris, 1889*)，希瑟·勒蒙德斯（Heather Lemonedes）、贝琳达·汤姆森与阿格涅斯卡·尤什恰克（Agnieszka Juszczak）等人，克利夫兰艺术博物馆，2009年，以及名为《保罗·高更：现代性突破》(*Paul Gauguin: The Breakthrough into Modernity*)的展览，凡·高美术馆，阿姆斯特丹，2010年（聚焦于高更在官方环球展——佛尔比尼展上展出的锌版画和绘画）。《高更记忆中的天堂，诺阿·诺阿插图》(*Gauguin's Paradise Remembered, The Noa Noa Prints*)，阿拉斯泰尔·赖特（Alastair Wright）和卡尔文·布朗（Calvin Brown），普林斯顿大学美术馆，2010年。《高更：神话缔造者》(*Gauguin: Maker of Myth*)，贝琳达·汤姆森与塔玛尔·加博（Tamar Garb）等人，泰特现代美术馆，伦敦，2010年；国家美术馆，华盛顿特区，2011年。《高更和波利尼西亚》(*Gauguin and Polynesia*)，苏珊娜·格鲁伯（Suzanne Greub）等人编，新嘉士伯艺术博物馆，哥本哈根；西雅图美术馆，2011—2012年。《高更变形记》(*Gauguin Metamorphoses*)，斯塔尔·菲古拉（Starr Figura）等人，现代艺术博物馆，纽约，2014年（探索高更后期的版画创作）。《保罗·高更》(*Paul Gauguin*)，贝孖勒基金会博物馆，巴塞尔，2015年。《高更：炼金艺术家》(*Gauguin: Artist as Alchemist*)，格洛丽亚·格鲁姆（Gloria Groom）、克莱尔·贝尔纳迪（Claire Bernardi）、奥菲利·费利埃-布阿特（Ophelie Ferlier-Bouat）等人编，芝加哥艺术博物馆；奥赛博物馆，巴黎，2017—2018年。《闭上眼睛：高更与蒙克》(*With Eyes Closed: Gauguin and Munch*)，尤特·库勒曼·法尔克（Ute Kuhlemann Falck）与格尔德·沃尔（Gerd Woll），蒙克博物馆，奥斯陆，2018年。《高更，精神之旅》(*Gauguin, A Spiritual Journey*)，克里斯蒂娜·赫尔密西（Christina Hellmich）、莱恩·佩德森（Line Pedersen）等人编，旧金山美术博物馆，2018年。

插图目录

除另有说明的作品，其他作品均为保罗·高更所作。
测量单位为厘米（英寸），格式均为高度×宽度（出于编排要求，以下内容省略尺寸单位）。

1.《自画像》，1893—1894年。布面油画，46×38（18⅛×15）。法国巴黎，奥赛美术馆。图片来自RMN-Grand Palais (musee d'Orsay)/Franck Raux。
2.《画架前的自画像》，1885年。布面油画，65×54（25⅝×21¼）。美国德克萨斯，沃思堡，金宝美术馆。
3.《塔希提牧歌》，1892年。布面油画，87.5×113.7（34½×44⅞）。俄罗斯圣彼得堡，艾尔米塔什博物馆。
4.《穿晚礼服的梅特·高更》，1884年。布面油画，65×54（25⅝×21¼）。挪威奥斯陆，国家博物馆。图片来自挪威奥斯陆，国家博物馆。
5.《画家的母亲》，约1889年。布面油画，41×33（16⅛×13）。德国斯图加特，斯图加特州立绘画馆。
6.《艺术家母亲的肖像》，1889—1890年。水粉画，17×13（6¾×5⅛）。芝加哥艺术博物馆。爱德华·麦考密克·布莱尔捐赠。
7.《与白杨树的风景》，1875年。布面油画，81×101（31⅞×39¾）。印第安纳波利斯美术馆。库尔特·F. 潘特藏品。
8.《风景》，约1873年。布面油画，50.5×81.6（19⅞×32⅛）。英国剑桥，菲茨威廉博物馆。图片来自akg-images/De Agostini Picture Library。
9.《沃吉拉尔的菜园》，1879年。布面油画，66×100（26×39½）。英格兰中部，北安普敦，史密斯学院艺术博物馆。
10.卡米耶·毕沙罗，《埃米塔日的隐居小屋，蓬图瓦兹附近》，1877年。布面油画，115×87.5（44¼×39½）。英国伦敦，国家美术馆。
11.乔治·曼扎纳·毕沙罗，《印象派画家的野餐》，约1881年。钢笔画。私人藏品。
12.《梅特·高更的半身像》，1877年。白色大理石雕像，高34（13¼）。英国伦敦，考陶尔德画廊。图片来自Samuel Courtauld Trust, The Courtauld Gallery, London/Bridgeman Images。
13.《埃米塔日的苹果树III》，1879年。布面油画，65×100（25⅝×39⅜）。瑞士阿劳，阿尔高美术馆。
14.《卡塞尔路花园里的画家一家》，1881年。布面油画，87×114（34¼×44⅞）。丹麦哥本哈根，新嘉士伯艺术博物馆。图片来自akg-images/Erich Lessing。
15.《裸体习作（苏珊娜缝纫）》，1880年。布面油画，115×80（45¼×31½）。丹麦哥本哈根，新嘉士伯艺术博物馆。
16.《做梦的小女孩》，1881年。布面油画，59.5×73.5（23⅜×28⅞）。丹麦哥本哈根，奥德罗普格园林博物馆。
17.《克洛维斯·高更的半身像》，1881年。头部为蜡塑，彩绘，躯干为石雕，高40（15¾）。私人藏品。
18.卡米耶·毕沙罗，《保罗·高更雕刻“散步的女人”》，1880年。黑粉笔画，29.5×23.3（11⅝×9⅛）。瑞典斯德哥尔摩，国家博物馆。
19.《画家在巴黎卡塞尔路的房子内部》，1881年。布面油画，130×162（51⅛×63¾）。挪威奥斯陆，国家博物馆。图片来自挪威奥斯陆，国家博物馆。
20.《鲁昂港》，1884年。布面油画，47×65（18⅛×25⅝）。私人藏品。图片来自Boltin Picture Library/Bridgeman Images。
21.《室内静物》，1885年。布面油画，60×74（23⅝×29）。私人藏品。
22.保罗·塞尚《埃斯塔克山》，1877—1878年。布面油画，54.2×74.2（23⅜×29¼）。英国加的夫，威尔士国家博物馆。图片来自National Museum of Wales/Bridgeman Images。
23.《普罗旺斯风景》，1885年。扇面水粉画，28×55（11×21⅝）。丹麦哥本哈根，新嘉士伯艺术博物馆。
24.欧根·德拉克洛瓦，《唐璜遇海难》，1841年。布面油画，135×196（53¼×77¼）。法国巴黎，卢浮宫博物馆。图片来自RMN-Grand Palais (musee du Louvre)/Gerard Blot。
25.《果园中的牛群景观》，1885年。布面油画，

64 × 80（25¼ × 31½）。荷兰鹿特丹港，布宁根博物馆。图片来自荷兰鹿特丹港，布宁根博物馆。

26.《在第厄普戏水的女人》，1885年。布面油画，38.1 × 46.2（15 × 18¼）。日本东京，国立西洋美术馆。

27.乔治·修拉，《大碗岛的星期天下午》，1884—1886年。布面油画，207.6 × 308（81¾ × 121¼）。芝加哥艺术博物馆。海伦·伯奇·巴特利特纪念收藏。

28.帕斯卡·达仰-布弗雷，《布列塔尼的赦罪》，1886年。布面油画，114.6 × 84.8（45⅛ × 33⅜）。美国纽约，大都会博物馆。图片来自The Metropolitan Museum of Art/Art Resource/Scala。

29.《画着布列塔尼女孩的花瓶》，1886—1887年。粗釉陶花瓶，高29.5（11½）。比利时布鲁塞尔，皇家艺术与历史博物馆。

30.《陶瓷设计》，1886—1887年。法国巴黎，奥赛美术馆，由奥赛美术馆绘画艺术部门收藏。图片来自RMN-Grand Palais (musee d'Orsay)/Adrien Didierjean。

31.《坐着的布列塔尼女人》，1886年。象牙纸面黑粉笔与彩色粉笔画，32.9 × 48.3（13 × 19⅛）。芝加哥艺术博物馆。卡特·H. 哈里森夫妇藏品。

32.《布列塔尼妇女》习作，1886年。彩色粉笔画，48 × 32（18⅞ × 12⅝）。格拉斯哥博物馆与艺术画廊，巴勒珍藏馆。

33.《布列塔尼妇女》，1886年。布面油画，72 × 90（28⅜ × 35½）。德国慕尼黑，新绘画陈列馆。图片来自Scala, Florence/bpk, Bildagentur fiir Kunst, Kultur und Geschichte, Berlin。

34.埃德加·德加，《站立的裸女》，1880—1883年。纸面黑粉笔与彩色粉笔画，49.5 × 30.7（19½ × 12⅛）。法国巴黎，奥赛美术馆。图片来自RMN-Grand Palais (musee d'Orsay)/Herve Lewandowski。

35.《两个沐浴的女人》习作，1886年—1887年。纸面黑粉笔与彩色粉笔画，58.4 × 34.9（23 × 13¾）。芝加哥艺术博物馆。吉尔伯特·W. 查普曼为纪念夏尔·B. 古德斯皮德捐赠。

36.《两个沐浴的女人》，1887年。布面油画，87 × 69（36¼ × 28）。阿根廷布宜诺斯艾利斯，美术博物馆。

37.《有赖伐尔侧面像的静物画》，1886年。布面油画，46 × 38（18⅛ × 15）。印第安纳波利斯美术馆。由莉莉捐助公司、约瑟夫维茨一家、詹姆斯·M. 康奈利斯夫妇、伦纳德·M. 贝特利夫妇、洛里、丹·埃弗罗伊姆森以及其他博物馆之友慷慨捐赠的塞缪尔·约瑟夫维茨蓬塔旺藏品集。

38.《布列塔尼牧羊女》，1886年。布面油画，60.4 × 73.3（23⅞ × 28⅞）。泰恩河畔纽卡斯尔，莱英画廊。图片来自38Tyne & Wear Archives & Museums/Bridgeman Images。

39.《沐浴的布列塔尼少年》，1886年。布面油画，60 × 73（23⅝ × 28¾）。广岛艺术博物馆。图片来自akg-images/Erich Lessing。

40.装饰着沐浴女人的杯子，1888年。陶器，高29（11⅜）。私人藏品。

41.装饰着女人半身像的花瓶，1886—1887年，1893年展出。陶器，高21.6（8½）。丹麦哥本哈根，装饰艺术博物馆。

42.有女人和山羊的器皿，1886—1887年。陶器，50 × 11.7 × 11.1（7⅞ × 4⅝ × 4⅜）。美国纽约，大都会博物馆。小罗伯特·A. 埃里森收藏与收购基金会、路易斯·V. 贝尔、哈里斯·布里斯班·迪克、弗莱彻与罗杰斯基金会，以及约瑟夫·普利策遗赠；2011年由福利基金会捐赠。

43.矩形《花盆架》，1887年。陶土与料浆花盆架，27 × 40 × 22（10⅝ × 15¾ × 8½）。私人藏品。

44.《来自马提尼克岛的两个女人》，1887年。纸面黑粉笔与蜡笔画，48.5 × 64（19⅛ × 25⅛）。法国巴黎，布朗利码头博物馆。

45.《杧果采摘者，马提尼克岛》，1887年。布面油画，89 × 116（35 × 45½）。荷兰阿姆斯特丹，文森特·凡·高国立博物馆。文森特·凡·高基金会。

46.《来来往往，马提尼克岛》，1887年。布面油画，72 × 92（28⅜ × 36¼）。西班牙马德里，波尼米萨博物馆。图片来自Coleccion Carmen Thyssen- Bornemisza/Scala, Florence。

47.《热带植物，马提尼克岛》，1887年。布面油画，116 × 89（45⅝ × 35）。英国爱丁堡，苏格兰国家美术馆。图片来自National Galleries of Scotland, Edinburgh/Bridgeman Images。

48.《海岸风光，马提尼克岛》，1887年。布面油画，54 × 90（21¼ × 35½）。丹麦哥本哈根，新嘉士伯艺术博物馆。

49.《调整木底鞋的布列塔尼男孩》，1888年。布面油画，90 × 71（35½ × 28）。丹麦哥本哈根，新嘉士伯艺术博物馆。图片来自akg-images。

50.《采花的布列塔尼的女人》，1888年。布面油画，70 × 92（27½ × 36¼）。私人藏品。图片来自Josse/Scala, Florence。

51.《布列塔尼小女孩的圆舞》，1888年。布面油画，73×92.7（28¾×36½）。美国华盛顿特区，国家美术馆。保罗·梅隆夫妇藏品。

52.《搏斗中的孩童》，1888年。布面油画，93×73（36¼×28¾）。阿布达比，卢浮宫美术馆。

53.埃德加·德加，《调整舞鞋的舞者》，1880年。蜡笔画，60×46（23⅝×18⅛）。丹麦哥本哈根，奥德罗普格园林博物馆。

54.一张仿德加的素描，1888—1889年。黑粉笔画，34×22.5（13⅜×8⅞）。法国巴黎，奥赛美术馆，由卢浮宫博物馆绘画艺术部门收藏。图片来自RMN-Grand Palais (musee d'Orsay)/Jean Schormans。

55.路易斯·安克坦，《晚上五点的克里希大街》，1887年。布面油画，69×53（27⅛×20⅞）。美国哈特福特，伟兹沃尔斯博物馆。艾拉·盖勒普·萨姆纳与玛丽·卡特琳·萨姆纳藏品。

56.《玛德莱娜·贝尔纳》，1888年。布面油画，69×53（28⅜×22⅞）。格勒诺布尔博物馆。图片来自Ville de Grenoble/Musee de Grenoble/J.L. Lacroix。

57.埃米尔·贝尔纳，《草地上的布列塔尼妇女》，1888年。布面油画，74×82（29×32）。图片来自Private Collection/ Bridgeman Images

58.《听道后的印象（雅各与天使摔跤）》，1888年。布面油画，73×92（28¾×36¼）。英国爱丁堡，苏格兰国家美术馆。

59.《自画像》，1888年。布面油画，45×55（17¾×21⅝）。荷兰阿姆斯特丹，文森特·凡·高国立博物馆。文森特·凡·高基金会。

60.《佛尔比尼系列：人类的苦难》，1889年。淡黄色纸面红墨水版画，28.6×23.2（11¼×9⅛）。印第安纳波利斯美术馆。塞缪尔·约瑟夫维茨的礼物，与布雷·沃勒和埃伦·李致敬换赠，卡洛琳·马蒙·斯勒基金会、比勒基金会、匿名IV艺术基金会、威廉·R. 斯普尔洛克夫妇基金会、皮埃尔·F. 古德里奇夫人艺术捐赠基金会、南希·福斯威尔·纽伯格收购捐赠基金会、印第安纳波利斯艺术博物馆联盟捐赠，罗素和贝基·柯蒂斯艺术品购买捐赠基金会、罗杰·G. 沃尔科特基金会、为纪念玛格丽特·哈迪·阿德里安斯的E. 哈迪·阿德里安斯艺术收购基金会、玛丽·V. 布莱克艺术捐赠基金会、塞西尔·F. 海德艺术基金会、德拉万·史密斯基金会、艾玛·哈特·斯威瑟基金会、西奥多·P. 范·沃赫斯夫妇基金会、理查德·克兰夫妇基金会、理查德·W与露丝玛丽·W. 李纪念基金会捐赠。

61.《阿尔勒的葡萄收获季节，人类的苦难》，1888年。布面油画，73×92（28¾×36¼）。丹麦哥本哈根，奥德罗普格园林博物馆。图片来自Ordrupgaard, Copenhagen/Bridgeman Images。

62.文森特·凡·高，《夜间咖啡馆》，1888年。布面油画，72.4×92.1（28½×36¼）。美国康涅狄格州纽黑文，耶鲁大学美术馆。斯蒂芬·卡尔顿·克拉克1903年遗赠。

63.《阿尔勒的夜间咖啡馆》，1888年。布面油画，73×92（28¾×36¼）。俄罗斯莫斯科，普希金博物馆。图片来自莫斯科普希金博物馆。

64.《阿尔勒的妇女》，1888年。炭笔画，56×48.4（22×19）。私人藏品。

65.《佛尔比尼系列：老姑娘（阿尔勒）》，1889年。版画，50×65（19¾×25⅝）。克利夫兰美术馆。达德利·R. 艾伦基金会。

66.《阿尔勒女子（密史脱拉风）》，1888年。布面油画，73×91.5（28¾×36）。芝加哥艺术博物馆。路易斯·L. 科伯恩夫妇纪念藏品。

67.文森特·凡·高，《埃滕花园的记忆》，1888年。布面油画，73.5×92.5（29×36⅜）。俄罗斯圣彼得堡，艾尔米塔什博物馆。

68.《画向日葵的文森特·凡·高》，1888年。布面油画，73×92（28¾×36¼）。荷兰阿姆斯特丹，文森特·凡·高国立博物馆。文森特·凡·高基金会。

69.《在干草中》，1888年。布面油画，73×92（28¾×36¼）。私人藏品。

70.《在波浪中》，1889年。布面油画，92×72（36¼×28¼）。克利夫兰美术馆。威廉·鲍威尔·琼斯夫妇捐赠。

71. 欧根·德拉克洛瓦，《撒尔达那帕勒之死》，1844年。布面油画，73.7×82.4（29⅛×32½）。费城美术馆。为纪念弗朗西斯·P. 麦克伦尼的亨利·P. 麦克伦尼藏品，1986年。

72.《自画像》，1888—1889年。布面油画，46×38（18⅛×15）。俄罗斯莫斯科，普希金博物馆。图片来自Heritage Images/Fine Art Images/akg-images。

73.《沐浴的女人（生命和死亡）》，1889年。布面油画，92×73（36¼×28¾）。埃及开罗，穆罕默德·马哈茂德·哈利勒博物馆。

74.《肖像水壶》，1889年。陶器，高19.5（7⅝）。丹麦哥本哈根，工艺博物馆。

75.安第斯山脉北部的秘鲁木乃伊，1100—1400年。法国巴黎，布朗利码头博物馆。

76.《有日本版画的静物》，1889年。布面油画，

85×115（33½×45⅜）。私人藏品。图片来自Private Collection/Bridgeman Images。

77.《美丽的安热勒》，1889年。布面油画，92×72（36¼×28¼）。法国巴黎，奥赛美术馆。

78.《舒芬尼克尔一家》，1889年。布面油画，73×92（28¾×36¼）。法国巴黎，奥赛美术馆。

79.《有黄色的基督的自画像》，1890—1891年。布面油画，30×46（11⅞×18⅛）。法国巴黎，奥赛美术馆。图片来自RMN- Grand Palais (musee d'Orsay)/Rene-Gabriel Ojeda。

80.佛尔比尼系列：《栅栏边的布列塔尼女人》，1889年。黄纸版画，16×21.4（6⅜×8½）。美国纽约，大都会博物馆。

81.《蝉和蚂蚁》，1889年。黄纸版画，20.3×26（8×10¼）。美国华盛顿特区，国家美术馆。莱辛·罗森沃尔德藏品。

82.《在黑色的峭壁边》，1889年。版画，15.4×24（6⅛×9½）。芝加哥艺术博物馆。根斯坦捐赠基金会。

83.《夏娃（不要听信谎言）》，1889年。纸面水彩与蜡笔画，33.7×31.1（13¼×12¼）。美国德克萨斯圣安东尼奥，麦尼艺术博物馆。马里恩·科勒·麦尼遗赠。

84.保罗·塞吕西耶，《护身符》，1888年。木面油画，27×22（10¾×8¾）。法国巴黎，奥赛美术馆。图片来自Musee d'Orsay, Dist. RMN-Grand Palais/Patrice Schmidt。

85. 1889年巴黎世界博览会照片。美国华盛顿特区，国家美术馆。

86.《对世界博览会中盛装打扮的人们的研究（安南人和阿拉伯人）》，1889年。黑粉笔画，30.5×23.5（12×9¼）。法国巴黎，奥赛美术馆，由卢浮宫博物馆绘画艺术部门收藏。图片来自RMN-Grand Palais (musee d'Orsay)/Jean-Gilles Berizzi。

87.《黑皮肤的维纳斯》，1889年。雕塑，高50（19¾）。美国纽约拿骚县，博物馆服务部门。公园，娱乐与博物馆管理部门。

88.《涅槃：迈耶·德汉的肖像》，1889年。丝绸油画，20×29（8×11）。美国哈特福特，伟兹沃尔斯博物馆。艾拉·盖勒普·萨姆纳和玛丽·卡特琳·萨姆纳藏品。图片来自akg-images。

89.《红牛》，1889年。布面油画，90.8×73（35¾×28¾）。洛杉矶县立艺术博物馆。乔治·加德·德·西尔瓦夫妇藏品。

90.《在布列塔尼》，1889年。纸面水彩，金色颜料以及水粉画。英国曼彻斯特大学，惠特沃斯美术馆。图片来自Whitworth Art Gallery, The University of Manchester/Bridgeman Images。

91.《布列塔尼的丰收》，1889年。布面油画，92×73（36¼×28¾）。英国伦敦，考陶尔德画廊。

92.《布列塔尼的干草垛》，1890年。布面油画，74.3×93.3（29⅜×36¾）。美国华盛顿特区，国家美术馆。W. 埃夫里尔·哈里曼基金会为纪念玛丽·N. 哈里曼捐赠。

93.《蓬塔旺的牛》，约1889年。纸面铅笔画，13×25.5（5⅛×10）。私人藏品。图片来自伦敦苏富比。

94.《捡海藻的人》，1889年。布面油画，87.5×123（34½×48¾）。德国埃森，福尔克旺博物馆。

95.蓬塔旺附近特雷马洛圣母小堂里的基督受难像。图片来自Bernard Annebicque/Sygma/Getty Images。

96.《黄色的基督》习作，1889年。纸面铅笔画，26.7×18.2（10⅝×7¼）。卡门·蒂桑-波内米萨。蒂森-波内米萨国家博物馆借用藏品。

97.《黄色的基督》，1889年。布面油画，92×73（36¼×28¾）。美国纽约水牛城，阿尔·布莱特·诺克斯艺术画廊。通用收购基金会。图片来自Albright Knox Art Gallery/Art Resource, NY/Scala, Florence。

98.《基督受难像下的宣誓》，图片来自Alain Le Bot/Gamma-Rapho/Getty Images。

99.扬·德阿让，《奎林基督受难像，坎佩尔附近》，1893年。布面油画，98×56（38½×22）。法国坎佩尔，美术博物馆。

100.《布列塔尼的基督受难像（绿色的基督）》，1889年。布面油画，92×73（36¼×28¾）。比利时布鲁塞尔，比利时美术博物馆。图片来自Musees Royaux des Beaux-Arts de Belgique, Brussels/Bridgeman Images。

101.《坠入情网你就会快乐》，1889年。上色菩提木雕，95×72（37⅜×28⅜）。美国波士顿，波士顿美术馆。亚瑟·特蕾西·卡伯特基金会。

102.布列塔尼箱形底座。

103.保罗·高更和埃米尔·贝尔纳，名为《地上乐园》的彩色雕花橱柜，1888年。栗树和松木（彩饰木雕），玻璃，五金，101×120×60.5（39⅞×47¼×23⅞）。芝加哥艺术博物馆。先由亨利·摩根、安·G. 摩根、梅耶·瓦塞尔与露丝·G. 瓦塞尔捐赠；后由爱德华·M. 布莱尔捐赠。

104.《橄榄园中的基督》，1889年。布面油画，

73 × 92（28¾ × 36¼）。美国佛罗里达西棕榈滩，诺顿美术馆。图片来自Norton Museum of Art, West Palm Beach, Florida/Bridgeman Images。

105.马克-安托万·维迪尔，《基督荆棘加冕：阿尔弗雷德·布吕亚的肖像》，约1850年。布面油画，55 × 65（21⅝ × 25½）。法国蒙彼利埃，法布尔博物馆。图片来自Musee Fabre de Montpellier Mediterranee Metropole/Frederic Jaulmes。

106. 1889年11月高更写给文森特·凡·高的信，附有《坠入情网你就会快乐》和《橄榄园中的基督》的草图。荷兰阿姆斯特丹，文森特·凡·高国立博物馆。文森特·凡·高基金会。

107.勒普尔迪玛丽·亨利旅馆室内装饰画，高更和迈耶·德汉的作品。图片来自Pool Georgeon/Rossi/Gamma-Rapho/Getty Images。

108.《高更自画像》，1889年。布面油画，79.2 × 51.3（31¼ × 20¼）。美国华盛顿特区，国家美术馆。切斯特·戴尔藏品。

109.《高更先生，您好》，1889年。布面油画，93 × 74（36⅝ × 29¼）。捷克国家博物馆。

110.《收获：勒普尔迪》，1890年。布面油画，73 × 92（28¾ × 36¼）。英国伦敦，泰特美术馆。图片来自伦敦泰特美术馆。

111.《对着塞尚的静物苹果的女子》，1890年。布面油画，65 × 55（25⅝ × 21⅝）。芝加哥艺术博物馆。约瑟夫·温特伯森藏品。

112.保罗·塞尚，《有高脚果盘、玻璃杯和苹果的静物画》，约1880年。布面油画，46.4 × 54.6（18⅜ × 21½）。美国纽约，现代艺术博物馆。大卫·洛克菲勒夫妇捐赠。图片来自A. Burkatovski/Fine Art Images/Superstock。

113.《奥林匹亚》(马奈的《奥林匹亚》临摹画)，1890年。布面油画，89 × 130（35 × 51¼）。私人藏品。图片来自O. Vaering/Bridgeman Images。

114.《失去童贞》，1891年。布面油画，90 × 130（35½ × 51¼）。美国弗吉尼亚诺福克，克莱司勒博物馆。小沃尔特·P. 克莱斯勒捐赠。

115.《斯特凡·马拉美的肖像》，1891年。牛皮纸蚀刻画，18.2 × 14.3（7⅛ × 5⅝）。美国纽约，大都会博物馆。

116.1891年，保罗·高更和他的孩子埃米尔和阿琳拍摄于哥本哈根。

117.《异国的夏娃》，1890年。版画，43 × 25（17 × 9⅞）。日本箱根，波拉美术馆。图片来自Pola Museum of Art/I)NPartcom。

118.亨利·勒马森，《帕皮提的大街》，1897—1898年。法国巴黎，布朗利码头博物馆。图片来自RMN-Grand Palais (musee du quai Branly – Jacques Chirac)/Rene-Gabriel Ojeda。

119.《塔希提之山》，1891年。布面油画，69 × 91.5（26¾ × 36⅜）。明尼阿波利斯艺术学院。朱利叶斯·C. 基尔纪念基金。

120.《苏珊·班布里奇肖像》，1891年。布面油画，70 × 50（27½ × 19⅝）。比利时布鲁塞尔，艺术博物馆。图片来自J. Geleyns – Art Photography/Musees royaux des Beaux-Arts de Belgique。

121.《海滩上的塔希提女人》，1891年。布面油画，69 × 91.5（27⅛ × 36⅛）。法国巴黎，奥赛美术馆。

122.《戴花的女人》，1891年。布面油画，70.5 × 46.5（27¾ × 18¼）。丹麦哥本哈根，新嘉士伯艺术博物馆。

123.《餐食》，1891年。布面油画，73 × 92（28¾ × 36¼）。法国巴黎，奥赛美术馆。图片来自RMN-Grand Palais (musee d'Orsay)/Adrien Didierjean。

124.《育雏妇女》，1891年。布面油画，92 × 68（36¼ × 26¾）。美国马萨诸塞，伍斯特艺术博物馆。图片来自Worcester Art Museum, MA/Bridgeman Images。

125.《戴花的塔希提女人》，约1891—1892年。木炭与蜡笔水彩画，39 × 30.2（15⅜ × 11⅞）。美国纽约，大都会博物馆。阿德莱德·米尔顿·德·格鲁特小姐（1876—1967年）1967年遗赠。

126.《塔希提女人》(与《育雏妇女》相关)，1891年。奶油纸木炭画（晒成褐色），55.5 × 48（21⅞ × 19）。芝加哥艺术博物馆。玛格丽特·戴·布雷克藏品。

127.奥迪隆·雷东，《死亡：我的讽刺胜过一切！》，1889年。平版画，26.2 × 19.7（10¼ × 7¾）。美国华盛顿特区，国家美术馆。

128.爪哇岛婆罗浮屠寺的浮雕。

129.朱尔斯·巴斯蒂安-勒帕热，《圣女贞德》，1879年。布面油画，254 × 279.4（100 × 110）。大都会博物馆。欧文·戴维斯1889年捐赠。

130.卢克-奥利维尔·默森，《万福玛利亚》，约1885年。布面油画，91.3 × 59.7（32 × 23½）。美国亚特兰大，高级艺术博物馆。皮埃蒙特驾驶俱乐部捐赠。

131.《万福玛利亚》，1891年。布面油画，113.7 × 87.7（44¾ × 34½）。美国纽约，大都会博物馆。山姆·A. 刘易斯逊遗。

132.《露兜树下》，1891年。布面油画，73 × 91.4

(28¾×36)。明尼阿波利斯艺术学院。威廉·胡德·邓伍迪基金会。
133.《你去哪儿？》，1892年。布面油画，92×69(36¼×27¼)。德国斯图加特，国家美术馆。图片来自Scala, Florence/bpk, Bildagentur fur Kunst, Kultur und Geschichte, Berlin。
134.《拿着斧头的人》，1891年。布面油画，92×70（36¼×27½）。私人藏品。图片来自De Agostini/Superstock。
135.《拿着斧头的人》，1891—1893年。稀释水粉，棕色钢笔墨水，叠加黑色钢笔墨水，奶油纸面（晒成褐色），裱在奶油色日本纸上，37.1×22.8（14⅝×9）。芝加哥艺术博物馆。爱德华·麦考密克·布莱尔捐赠。
136.《魔鬼的话语》，1892年。布面油画，91.7×68.5（36⅛×27）。美国华盛顿特区，国家美术馆。W. 埃夫里尔·哈里曼基金会为纪念玛丽亚·N. 哈里曼捐赠。
137.《魔鬼的话语》习作，1892年？炭笔、粉彩与水彩画，78.7×34.7（31×13¾）。巴塞尔美术馆铜版画陈列馆。
138.《清晨》，1892年。布面油画，68×92(26¾×36¼)。刘銮雄先生藏品。
139.《怎么！你嫉妒了？》，1892年。布面油画，66×89（26×35⅛）。俄罗斯莫斯科，普希金博物馆。图片来自Scala, Florence。
140.《怎么！你嫉妒了？》，1894年。玻璃面水彩雕铸画，白色水粉，红棕色与黑色水彩，在奶油纸（仿日本皮纸）上用刷子上色，19.5×23.2(7¾×9¼)。芝加哥艺术博物馆。爱德华·麦考密克·布莱尔捐赠。
141.《你何时结婚？》习作，1891—1893年。奶油纸面粉彩炭笔画，部分描边（晒成褐色），先在奶油纸上用黑色粉笔画方格（晒成褐色），55.5×48（21⅞×19）。芝加哥艺术博物馆。玛格丽特·戴·布莱克藏品。
142.《你何时结婚？》，1892年。布面油画，105×77（41⅜×30¼）。阿布达比，卢浮宫美术馆。
143.《拿着杧果的女人》，1892年。布面油画，72.7×44.5（28⅝×17½）。巴尔的摩艺术博物馆。来自马里兰州巴尔的摩市的克拉贝尔·柯恩先生和埃塔·柯恩小姐收藏的柯恩藏品集。
144.《约瑟与波提乏的妻子》，1894年。布面油画，89×116（35×45⅝）。私人藏品。
145.皮埃尔-保罗·普吕东，《约瑟与波提乏的妻子》，约1820年。转载于Ch. Clement, *Prud'hon sa vie, ses oeuvres et sa correspondance*，1872年。图片来自法国巴黎，卢旺达国家图书馆。
146.埃及第十八王朝底比斯墓中的壁画。英国伦敦，大英博物馆。
147.《市场》，1892年。布面油画，73.2×91.5(28⅞×36¼)。瑞士巴塞尔，艺术博物馆。
148.欧仁·卡里尔，《保罗·高更肖像》，1891年。布面油画，54.6×65.4（21½×25¾）。美国康涅狄格州纽黑文，耶鲁大学美术馆。文学士弗雷德·T. 墨菲1897年遗赠。
149.《泰哈玛娜的先祖》，1893年。布面油画，75×53（29½×20¾）。芝加哥艺术博物馆。夏尔-迪尔岭·麦考密克夫妇捐赠。
150.《她的名字是维劳玛蒂》，1892年。布面油画，91×68（35¾×26¾）。俄罗斯莫斯科，普希金博物馆。图片来自Pushkin Museum, Moscow/Bridgeman Images。
151.给塞吕西耶的信，1892年3月25日，附《她的名字是维劳玛蒂》草图。转载于P. Serusier, A.B.C. de la peinturey，1950年。
152.《头戴珍珠的偶像》，1892—1893年。染色镀金海棠木雕，高25（9⅞）。法国巴黎，奥赛美术馆。
153.《贝壳装饰的偶像》，1892—1893年。由木头、珍珠、牙齿和骨头制成，高34.4（13⅝）。法国巴黎，奥赛美术馆。图片来自RMN-Grand Palais (musee d'Orsayj/Gerard Blot。
154.《圣山》习作，约1892年。石墨叠加水彩，18.5×22.9（7¼×9）。哈佛艺术博物馆/福格艺术博物馆。玛丽安·H. 菲尼遗赠。图片来自哈佛学院院长等人。
155.《圣山》，1892年。布面油画，66×88.9(26×35)。费城美术馆。鲁道夫·梅耶·德·苏恩西夫妇于1980年捐赠。
156.《死亡的幽灵在注视》，1892年。布面黄麻油画，73×92（28¾×36¼）。美国纽约水牛城，阿尔·布莱特·诺克斯艺术画廊。康格·古德伊尔藏品。
157.《死亡的幽灵在注视》，1894年。平版画，18.1×27.3（7⅛×10¾）。美国华盛顿特区，国家美术馆。罗森瓦尔德藏品。
158.《万福玛利亚》，1891年。贴在《诺阿·诺阿》(*Noa Noa*) 卢浮本上的木版画。法国巴黎，奥赛美术馆，由卢浮宫博物馆绘画艺术部门收藏。图片来自RMN-Grand Palais (musee d'Orsay)/Herve Lewandowsk。
159.《万福玛利亚》，1894年。笔刷画，34×18

（13½ × 7⅛）。荷兰阿姆斯特丹，国立博物馆。斯地廷·K. F. 海因基金会赞助购买。

160.《万福玛利亚》（题写着“致拉罗什富科伯爵”），1893—1895年。用炭笔、红粉笔和白粉笔先在蓝色横纹纸上作画，然后两边用玫瑰色横纹纸条裱在硬纸板上，59.7 × 37.5（23½ × 14¾）。美国纽约，大都会博物馆。劳拉·D. 拉斯科于1961年在纽约遗赠。

161.《海边》，1892年。布面油画，67.9 × 91.5（26¾ × 36）。美国华盛顿特区，国家美术馆。切斯特·戴尔藏品。

162.《独自》，1893年。布面油画，50 × 73（19½ × 28⅝）。私人藏品。图片来自The Print Collector/Heritage Images/Scala, Florence。

163.《月球与地球》，1893年。布面油画，112 × 62（44⅛ × 24⅜）。美国纽约，现代艺术博物馆。里利·P. 布利斯藏品。图片来自A. Burkatovski/Fine Art Images/Superstock。

164.曼扎纳·毕沙罗，《站着的高更肖像》，约1906年。鎏金铜水粉画，45 × 32（17¾ × 12⅝）。私人藏品。

165.《神秘的水》，1893—1894年。在纹理厚重的象牙纸上用黑色粉笔、棕色钢笔墨水（原为紫色）和黑色毛笔墨水画成的水粉画，35.4 × 25.5（14 × 10⅛）。芝加哥艺术博物馆。艾米莉·克兰·查德伯恩藏品。

166.《神秘的水》，1893年。布面油画，99 × 75（39 × 29⅝）。私人藏品。图片来自Oronoz/Album/Superstock。

167.《诺阿·诺阿》，1894年。木版画，19.8 × 36.2（7⅞ × 14⅜）。法国巴黎，布兰利-雅克·希拉克博物馆。图片来自musee du quai Branly – Jacques Chirac, Dist. RMN-Grand Palais/image musee du quai Branly – Jacques Chirac。

168.《诺阿·诺阿》卢浮本第57页，附木版画《众神》中的希纳和特法图、一张塔希提女孩的照片和水彩画。法国巴黎，卢浮宫博物馆艺术品陈列柜。

169.170.《诺阿·诺阿》卢浮本第75页和第67页，附木版画和水彩画。法国巴黎，卢浮宫博物馆艺术品陈列柜。

171.1894年，高更和朋友们在他维辛格托里克斯街6号的画室里。人物包括保罗·塞吕西耶和安娜等。

172.《爪哇女人安娜》，1893—1894年。布面油画，116 × 81.5（45¾ × 32）。私人藏品。图片来自Private Collection/Bridgeman Images。

173.《耶和华的日子》，1894年。布面油画，68 × 91（26⅞ × 36）。芝加哥艺术博物馆。海伦·伯奇·巴特利特藏品。

174.《甜蜜的梦》，1894年。布面油画，74 × 100（29¼ × 39⅜）。俄罗斯圣彼得堡，艾尔米塔什博物馆。图片来自State Hermitage Museum, Saint Petersburg/ Bridgeman Images。

175.《两个塔希提妇女》，1894年。水彩独幅版画，以蓝色、赤陶、黑色、粉色和灰色在薄东方纸上制作独幅版画，然后装裱在纹理水彩纸上。英国伦敦，大英博物馆。图片来自大英博物馆受托人。

176.《美妙的尘世》，1892年。布面油画，91 × 72（35⅝ × 28⅜）。日本仓敷，大原美术馆。图片来自日本大原美术馆。

177.《奥维里》，1894—1895年。亚洲褐色纸面水彩油画独幅版画，29.3 × 20.7（11⅝ × 8¼）。哈佛艺术博物馆/福格艺术博物馆。伍德纳家族艺术品收藏公司捐赠。图片来自哈佛学院院长等人。

178.《奥维里》，1894—1895年。部分上釉上漆陶器，高74（29⅛）。法国巴黎，奥赛美术馆。

179.新西兰奥克兰博物馆南翼新展馆，1892年开展，展示毛利人住所里用于装饰的精雕版画。

180.刻有十字架上的基督的圆柱艺术品，1896年。上色石膏像，高50（19¾）。私人藏品。图片来自Christie's Images/Bridgeman Images。

181.竖石纪念碑。图片来自Musee de Bretagne, Rennes。

182.卢卡斯·克拉纳赫，《侧卧的泉源仙女》，1537年。版画，48.5 × 74.2（19⅛ × 29¼）。法国贝桑松，美术与考古博物馆。图片来自musee des Beaux-Arts et d'Archeologie, Besarujon/ Bridgeman Images。

183.《国王的妻子》，1896年。布面油画，97 × 128（38¼ × 51⅛）。俄罗斯莫斯科，普希金博物馆。图片来自莫斯科普希金博物馆。

184.《耶稣降生》，又名《上帝之子》，1896年。布面油画，96 × 126（37¾ × 50⅜）。德国慕尼黑，新绘画陈列馆。

185.《蛮族的诗》，1896年。布面油画，64.8 × 48.3（25½ × 19）。哈佛艺术博物馆/福格艺术博物馆。莫里斯·韦特海姆藏品1906年遗赠。图片来自哈佛学院院长等人。

186.《梦》，1897年。布面油画，95 × 132（37⅜ × 52）。英国伦敦，考陶尔德画廊。

187.《永不再，这就是塔希提》，1897年。布面油画，60 × 116（23⅝ × 45¾）。英国伦敦，考陶尔德画廊。

188.《我们来自何处？我们是什么？我们去往何处？》，1897—1898年。布面油画，139.1×374.6（54¾×147½）。美国波士顿，美术博物馆。汤普金斯藏品集-阿瑟·戈登·汤普金斯基金会。图片来自Museum of Fine Arts, Boston/Scala, Florence。

189.《我们来自何处？》方格习作，1897—1898年。描图纸面水彩画，20.5×37.5（8⅛×14¾）。法国巴黎，布朗利码头博物馆。法国特罗姆博物馆藏品。吕西安·沃拉尔捐赠。

190.保罗·塞吕西耶，《蓬塔旺苹果丰收》，约1891年。布面油画，73×133（28¾×52⅜）。比利时维斯特韦泽尔，崔顿基金会。图片来自Triton Foundation/ Hugo-Maertens Brueges。

191.保罗·西涅克，《和谐时代》，1894—1895年。布面油画，300×400（118×157½）。法国巴黎，蒙特勒伊市政厅。图片来自akg-images/Erich Lessing。

192.皮埃尔·普维斯·德·夏瓦纳，《在艺术与自然之间》，约1890年。布面油画，40.3×113.7（15⅞×44¾）。美国纽约，大都会博物馆。哈利·佩恩·宾汉夫人于1958年捐赠。

193.《塔希提牧歌》，1898年。布面油画，54×169（21½×66½）。英国伦敦，泰特美术馆。图片来自伦敦泰特美术馆。

194. 1898年2月给丹尼尔·德·蒙弗雷德的信的第一页，附《我们来自何处？》的草图。奥赛美术馆，由卢浮宫博物馆绘画艺术部门收藏。

195.《埃蒂德之力》，约1900年。混合素材纸本，31.8×25.1（12⅝×10）。私人藏品。

196.《笑容》，1899年。透明纸巾上的木版画，13.7×21.8（5½×8⅝）。美国纽约，大都会博物馆。哈里斯·布里斯·班迪克基金会，1936年。

197.高更和加莱州长的人物漫画，顶部是杂志《笑容》中的一页，1900年。先用黑色铅笔、黑色钢笔墨水在黑色转印纸上画水粉画，然后用黑色墨水与蓝色水彩在奶油横纹纸上制作版画，29.8×20.4（11¾×8⅛）。芝加哥艺术博物馆。沃尔特·S. 布儒斯特捐赠。

198.《蹲伏的塔希提女人》，1901—1902年。水粉独幅版画，53.3×28.3（21×11⅛）。私人藏品。

199.《小马》，约1902年。在纸面用树胶或清漆制成的独幅水粉版画，32.7×59.7（21×11⅛）。美国华盛顿特区，国家美术馆。罗森沃德藏品。

200.《向日葵与普维斯·德·夏瓦纳的<希望>》，1901年。布面油画，65×77（25⅝×30¼）。美国纽约，大都会博物馆。纽约乔安妮·图尔·卡明斯夫人藏品。

201.《蛮族的口头故事》，1902年。布面油画，130×89（51⅛×35）。德国埃森，福尔克旺博物馆。

202.《祈愿》，1903年。布面油画，65.5×75.6（25⅞×29⅞）。美国华盛顿特区，国家美术馆。约翰和露易丝·布斯为纪念他们的女儿温基捐赠。

203.《圣诞夜》，1902—1903年。布面油画，71×82.6（28×32½）。印第安纳波利斯美术馆。由莉莉捐助公司、约瑟夫维茨一家、詹姆斯·M. 康奈利斯夫妇、伦纳德·M. 贝特利夫妇、洛里、丹·埃弗罗伊姆森以及其他博物馆之友慷慨捐赠的塞缪尔·约瑟夫维茨蓬塔旺藏品集。

204.《海滩上的骑士》，1902年。布面油画，66×76（26×35）。德国埃森，福尔克旺博物馆。

205.《两个塔希提女人》头部，约1902年。独幅描红版画，32.1×51（12⅝×20⅛）。

索引

其中包含插图所在页码。
索引中的人名多以全名出现，内文中多省略全名。

A

阿尔佛雷德·布吕亚 110
阿尔佛雷德·瓦莱特 182
阿尔佛雷德·西斯利 38
阿尔勒 61, 66, 67, 79, 80, 97
阿尔芒德·吉约曼 19, 21, 27, 36, 38, 39, 51, 52, 60, 86
阿尔塞内·波尔捷 49
阿方斯·都德 69
阿方斯·列勒瑟斯 63
阿里·勒南 118
阿里斯蒂德·马约尔 9, 90
阿琳·高更（高更的母亲）12, 13
阿琳·高更（高更的女儿）14, 24, 168, 188
埃德加·爱伦·坡 186
埃德加·德加 9, 21, 23, 24, 42, 51, 52, 56, 57, 59, 73, 77, 79, 80, 81, 84, 133, 154, 159, 163, 170, 177, 178, 192, 197
埃德蒙·舒尔 95, 147
埃及 146
埃米尔·贝尔纳 52, 63, 66, 89, 107, 113, 160, 161, 181
埃米尔·凡尔哈伦 123
埃米尔·高更（高更的儿子）15, 18, 29, 120
艾伯特·奥里耶 89, 92, 110, 119, 148, 161, 163, 170, 181, 192
艾伯特·贝斯那 60, 192
爱德华·布兰德斯 159
爱德华·迪雅尔丹 63
爱德华·马奈 92, 117, 178, 183
爱德华·维亚尔 160, 192
爱弥尔·左拉 24
安布鲁瓦兹·沃拉尔 181, 192, 197
安德烈·德兰 203
安德烈·丰泰纳 192—193, 194, 199
安德烈·夏扎尔 12
安格尔 73, 157, 173
安托南·蒲鲁斯特 118
安托万·德·拉罗什富科伯爵 161
奥迪隆·雷东 118, 122, 133
奥尔良 12, 174
奥古斯特·德拉哈切 92
奥古斯特·莱佩雷 171
奥古斯特·斯特林堡 178
奥克兰 182
奥克塔夫·米尔博 36, 110, 117, 118, 119, 123, 161, 163, 192, 205
奥雷利昂·吕涅-波 160
奥诺雷·杜米埃 21, 73

B

巴比松画派 15, 17
巴勃罗·毕加索 203
巴拿马运河 49
保罗·杜兰德-鲁埃尔 17, 27, 36, 52, 159, 161, 164, 170
保罗·高更
　股票经纪人 8, 11
　结婚 11—12
　木雕 182, 184
　死亡 203
　童年 12
　相关评论 24, 161, 182, 194
　在阿尔勒 61, 66—79, 97
　在布列塔尼 55—59, 63—66, 94—113, 174—177
　在塔希提 122—177
　早期绘画生涯 17—30
保罗·朗松 160
保罗·塞吕西耶 90, 91, 95, 97, 113, 122, 125, 151, 153, 159, 160, 174, 192
保罗·塞尚 9, 17, 19, 20, 21, 33, 46, 60, 120, 154, 159, 181, 186
保罗·西涅克 39, 52, 60, 164, 192, 205
本特·丹尼尔森 128
笔记杂谈 26, 34
表现派 173, 205
布朗热将军 92
布列塔尼 40—46, 54, 55—58, 63, 64, 66, 69, 79, 91, 94, 103, 113, 125, 128, 134, 182, 192, 193, 206, 207, 208
布鲁塞尔 84, 87, 108, 173

C

查尔斯·施皮茨 124

D

丹尼斯·科尚 164
迪耶普 36
蒂蒂 146
东京 92, 93

E

E. 莫诺 93
埃米尔·舒芬尼克尔 32, 36, 39, 50, 55, 56, 60, 64, 81, 84, 86, 104, 113, 117
二十人社 60, 84, 108, 173

F

法比恩·维拉德 168
法布尔博物馆，蒙彼利埃 73, 110
菲力克斯·布拉克蒙 41, 49
菲力克斯·费内翁 38, 59, 60, 89
菲力克斯·瓦洛东 171

菲力克斯·泽姆 73
费德里科·赞多梅内吉 23
弗里茨·塔乌洛 30
弗洛拉·特里斯坦 12

G

哥本哈根 11, 29, 31—32, 36, 44, 120, 135, 148, 156, 159
格鲁瓦 117
葛饰北斋 64
古皮画廊 52, 57, 130
古斯塔夫·阿罗萨 11, 15, 17, 146
古斯塔夫·库尔贝 11, 24, 110

H

哈维兰工作室 41, 42
汉斯·荷尔拜因 80
亨利·德·图卢兹-罗特列克 52, 182
亨利·雷罗尔 164, 192
亨利·马蒂斯 9, 203
亨利·热尔韦 34
亨利-约瑟夫·阿平尼 15
火星沙龙 173

J

基督像 110
加德一家 31
景泰蓝技术 46, 63

K

卡马格公寓 69
卡米耶·毕沙罗 9, 11, 17, 18, 19, 20, 23, 24, 27, 28, 30, 34, 39, 40, 42, 51, 52, 60, 86, 92, 118, 167, 170, 202, 204
卡米耶·柯罗 11
卡米耶·莫克莱尔 182, 192
凯特·格里纳韦 41
科尔蒙工作室 52, 63
科拉罗西学院 15
克劳德·莫奈 9, 23, 24, 38, 92, 118, 120
克里斯多夫·格雷 182
克洛维斯·高更（高更的儿子）14, 27, 36
克洛维斯·高更（高更的父亲）12
克泽维尔·鲁塞尔 160

L

拉斐尔 73
拉乌尔·迪菲 203
莱科姆特·德·利勒 149
勒普尔迪 94, 99, 103, 110, 112, 114
理查德·菲尔德 125
利昂·博纳 45
卢克-奥利维尔·默森 135
卢森堡博物馆 92, 173
路易斯·安克坦 52, 63, 86, 89
伦道夫·考尔德科特 42
伦敦 36
罗伯特·贝文 177
罗杰·弗赖伊 167
罗杰·马克思 161, 167, 192
罗斯+克鲁瓦 161
吕西安·毕沙罗 52

M

M. 佛尔比尼（艺术咖啡馆）86, 89, 91, 113, 207
马达加斯加 92, 93, 113
马克-安托万·维迪尔 110
马克萨斯群岛 157, 197
马克西米利安·卢斯 60
马赛 122, 159
马塔耶阿 128, 139, 146
马提尼克 49—52, 54, 87
玛德莱娜 63, 65
玛丽·亨利旅馆 110
玛丽·卡萨特 23
玛丽·克里辛斯卡 101
玛丽·希戈尔 12
《毛利古文化》151, 153, 170
毛利人 147, 182
梅特·高更（高更的妻子）10, 11—12, 28—30, 36, 54, 120, 127, 147, 148, 149, 156—159, 174
美术学院 34
免费展览 148
莫恩斯·巴林 113
莫拉尔一家 173
莫里斯·丹尼斯 9, 90, 135, 160, 164, 192
莫里斯·琼安 130

N

纳比派 91, 160, 173, 181, 182, 192
纳西斯·迪亚兹 15
南特 40
尼古拉斯·沃德利 170
尼松 101, 103
《诺阿·诺阿》127, 139, 149, 151, 157, 170, 171, 172, 182, 203

O

欧根·德拉克洛瓦 11, 35, 77
欧内斯特·勒南 110
欧内斯特·沙普莱 41, 46, 49, 80, 92
欧仁·马奈 23

P

帕皮提 123, 127, 128, 146, 148, 197
帕斯卡·达仰-布弗雷 40, 41, 63, 86
帕亚 139
蓬塔旺 40, 42, 50, 54, 55, 56, 61—65, 67, 80, 84, 89, 91, 94, 101, 113, 174, 191
蓬图瓦兹 18
皮埃尔·奥古斯特·雷诺阿 23, 24, 86
皮埃尔-保罗·普吕东 145
皮埃尔·勃纳尔 160
皮埃尔·洛蒂 93, 161, 163
皮埃尔·普维斯·德·夏瓦纳 190, 193
婆罗浮屠寺 134
普拉多 80
普纳奥亚 181

Q

乔治·比才 69
乔治·丹尼尔·德·蒙弗雷 86, 131, 153, 156, 195, 203

乔治·曼扎纳·毕沙罗 19, 167
乔治·修拉 35, 60, 86, 89
乔治斯·克列孟梭 148

R
让·德·罗顿尚 117, 181
让-保罗·奥布 21
让-弗朗索瓦·拉法埃里 23
让-路易·弗朗 21
日本 56, 133
若利斯-卡尔·于斯曼 24, 26, 35, 42, 205

S
萨尔·佩拉丹 161
萨特夫人 84
桑德罗·波提切利 188
沙龙 161, 173, 190, 192, 203, 206
圣布里亚克 63
《舒芬尼克尔一家》84
斯特凡·马拉美 119, 170
苏珊·班布里奇 126, 127

T
塔波加岛 49
塔迪·纳坦松 167, 194, 199
塔希提 7, 30, 86, 92, 93, 118, 120, 122—154, 156—174, 180, 182, 186, 192, 194, 197, 205
泰奥多尔·卢梭 73
泰哈玛娜 149, 157
特奥多尔·菲利普森 148
特雷马洛 101, 104
提奥·凡·高 51, 56, 60, 61, 69, 86, 94, 108, 111, 113, 117, 130
托马斯·卡莱尔 192

W
威廉·布格罗 86
威廉·霍奇斯 124
韦恩·安德森 80
文森特·凡·高 36, 51, 52, 54, 56, 60, 61—79, 94, 97, 108, 110, 117, 122, 159, 160, 205

X
西班牙 36
希瓦瓦岛 197
悉尼·帕金森 124
夏尔·菲利格 113, 135, 161
夏尔·赖伐尔 45, 50, 64, 67, 86, 89
夏尔·莫里斯 128, 148, 157, 160, 161, 170, 194
夏洛普医生 113
象征派 80, 84, 117, 160, 161, 163
象征主义 38, 63, 84, 95, 117, 119, 124, 160, 205
《笑容》197
新西兰 182
新印象派 38, 40, 55, 60, 70, 86, 192

Y
扬·韦卡德 90
野兽派 205
艺术家协会 31
印象派 17—30, 31, 35—42, 60, 64, 68, 86, 89, 120, 159, 168
约翰·罗德 148
约翰·弥尔顿 95

Z
爪哇岛 134
朱尔斯·安托万 89
朱尔斯·巴斯蒂安-勒帕热 86, 135
朱尔斯·布雷顿 63
朱尔斯-欧内斯特·布约 21
朱丽叶·休伊特 117, 149
朱利安美术学院 90
自由女神沙龙 173